정선명리학 人

정선명리학

ⓒ 김만태, 2025

2025년 3월 15일 발행

지은이　　김만태
펴낸이　　김만태
펴낸곳　　지식의 통섭
제　작　　열림프린팅
등　록　　2023년 12월 22일
주　소　　대구광역시 북구 구암로 180, 102-210(구암동)
전　화　　010-4852-0967
이메일　　con2022@naver.com
홈페이지　www.namestory.kr
ISBN 979-11-987687-4-2 03180

- 이 책은 저작권법에 의하여 보호를 받는 저작물이므로 무단 전재와 복제를 금합니다.
- 책값은 뒤표지에 있습니다. 파본은 구입처에서 교환해 드립니다.

천지인
정선명리학 人

우리는 어떻게 태어나 어떻게 살고 있는가?

노겸 **김만태** 지음
(前 동방대학원대학교 미래예측학과 교수, 문학박사)

지식의 통섭

머리말
천지인 '정선명리학 人'을 발간하며

 30대에 들어서 동양사상과 한국문화에 관한 여러 자료를 접하는 과정에서 자연스레 풍수학과 사주학에 관한 책들도 보게 되었다. 그 인연이 삶의 굴곡 과정에서 더욱 이어져 지금은 사주명리학에 완전히 몸을 담그고 있다.

 내가 명리학을 왜 공부하게 되었는가, 어떻게 공부할 것인가, 앞으로도 무엇을 할 것인가를 늘 되새기고 있다. 그래서 흔들리지 않으려고 나름대로 세 가지 원칙을 세우게 되었다.

 ① 명리 원전(原典)의 현대적 재해석 ② 사주명리의 실제적 적용 ③ 명리학의 학술적 정체성 확립. 지금도 이 세 가지를 명심하며 실행하려고 노력하고 있다. 그 결실 중 하나가 바로 『정선명리학』이다.

 원래는 2009년 서라벌대학교 풍수명리과에 명리학 강의를 맡게 되면서부터 1장씩 적었던 강의자료들이 계속 모이고, 2013년부터 동방대학원대학교 미래예측학과에서 명리학 강의와 논문 지도를 하면서 명리학에 대한 전반적인 이해를 높일 필요가 있어서, 『명리학강론』 이름으로 그간의 연구자료와 강의자료들을 정리해서 묶고, 내용을 계속 수정 보완하면서 대학원 강의교재로 활용해오던 책이다.

 그 책을 2022년 3월에 『정선명리학강론』으로 발간하였는데, 2년이 흘러 이번에 천지인(天地人) 세 권으로 나누면서 다시 내용을 수정하고 보완하였다.

 본래 대학원 강의교재로 10년간 사용하던 책이라서 명리학의 입문자들에게는 이해하기가 어렵고, 명리학을 공부해온 분들에게도 생소한 내용이 많이 있다. 하지만 위 세 가지 원칙을 바탕으로 명리학에 대한 보다 온전한 이해를 위해서는 단행본으로 펴내는 것이 필요하다는 생각이 들어 다시 천지인(天地人) 세 권으로 나누어 발간하게 되었다.

 사주명리의 술수적·방법적 측면의 연구를 통해 사주명리의 정확성을 높이려는 노력과 사주명리의 사상적·철학적 측면에 관한 연구도 병행되어야 한다. 그래야만 사주명리학의 정체성을 올바르게 정립할 수 있으며, 나아가 한결 성숙되고 보다 높은 차원으로 사주명리 문화가 발전해 나갈 수 있다.

나를 포함하여 우리 학우·도반들의 건체강심(健體康心)함을 기원드린다.

2025년 을사(乙巳)년 춘분(春分)절
고향 칠곡(漆谷)에서
노겸(勞謙) 김만태 삼가 씀

저자 소개

노겸(勞謙) 김만태

* 勞謙: 지산겸(地山謙 ䷕)괘 구삼(九三)효

경력 前동방대학원대학교 미래예측학과 교수(명리학·성명학)
前동방대학원대학교 명리성명학연구소장
前서라벌대학교 풍수명리과 교수·학과장
바른역사학술원 편집위원, 한국명리성명학회 창립회장

학력 국립안동대학교 대학원(문학박사):
「한국 사주명리의 활용양상과 인식체계」(2010)
원광대학교 동양학대학원(문학석사):
「명리학의 한국적 수용 및 전개과정에 관한 연구」(2005)
인하대학교 항공공학과(공학사)

연구실적

연구서 『정선명리학 天』(2024), 『실생활 주역』(2024)
『정선명리학강론』(2022), 『훈민정음 모자음오행 성명학』(2022)
『한국 사주명리 연구』(2012 대한민국학술원 선정 우수학술도서)
『한국 성명학 신해』(2016) 등 14권

연구논문 한국연구재단 등재 학술논문 100여 편

주요 논문 목록

서자평(徐子平)의 『명통부(明通賦)』에 함축된 신법명리 체계와 특징
　　　　한양대학교 미래문화연구소, 『미래문화』 제7호, 2023.07
명리학의 학문적 정체성 확립에 관한 연구
　　　　글로벌지식융합학회, 『지식융합』 제5(1)호, 2022.06
한글에 함축된 음양 배속, 오행 상생, 천지인 삼원 사상 고찰
　　　　부산대학교 한국민족문화연구소, 『한국민족문화』 제81집, 2022.03
민속신앙의 원형으로서 간명일장금(看命一掌金)의 십이성과 십이지의 연관성 고찰
　　　　한국민족사상학회, 『민족사상』 제15(3)호, 2021.09
타로(Tarot) 메이저 아르카나와 음양(陰陽)·삼원(三元)의 상관성 고찰
　　　　한국문화융합학회, 『문화와 융합』 제43(4)호, 2021.04
『훈민정음해례(訓民正音解例)』에 의거한 모자음(母子音)오행성명학의 실증사례 분석
　　　　한국민족사상학회, 『민족사상』 제14(3)호, 2020.12

『황제내경(黃帝內經)』과『동의보감(東醫寶鑑)』 정기신(精氣神)론의 명리학적 적용 고찰
    한국학중앙연구원,『한국학』 제43(2)호, 2020.06
조선조 음양과(陰陽科) 명과학(命課學)의 필수과목『원천강(袁天綱)』 연구
    단국대학교 동양학연구원,『동양학』 제77집, 2019.11
육자진언(六字眞言) '옴마니반메홈' 소리의 모자음오행 분석
    아시아문화학술원,『인문사회21』 제10(3)호, 2019.06
모자음오행(母子音五行)의 성명학적 적용 연구
    동방문화대학원대학교 동양학연구소,『동방문화와 사상』 제6집, 2019.02
중국 명리원전 ≪낙록자부주(珞琭子賦注)≫에 관한 고찰
    중국인문학회,『중국인문과학』 제69집, 2018.08
무라야마 지쥰(村山智順)의 조선 점복조사에 대한 비판적 고찰
    부산대학교 한국민족문화연구소,『한국민족문화』 제66호, 2018.02
한국 성명학(姓名學) 연구의 현황과 과제
    동방문화대학원대학교 동양학연구소,『동방문화와 사상』 제3집, 2017.08
명리원전『명리정종(命理正宗)』에 함축된 병약(病藥)사상 고찰
    단국대학교 동양학연구원,『동양학』 제67집, 2017.04
『조선왕조실록』에 나타난 사주명리의 반체제적 성향
    고려대학교 민족문화연구원,『민족문화연구』 제72호, 2016.08
중국 명리원전(命理原典)『낙록자삼명소식부주(珞琭子三命消息賦注)』 고찰
    영산대학교 동양문화연구원,『동양문화연구』 제24집, 2016.08
중국 명리원전(命理原典) ≪이허중명서(李虛中命書)≫ 고찰
    중국인문학회,『중국인문과학』 제62집, 2016.04
신재효의 판소리 사설에 나타난 민속신앙
    전북대학교 인문학연구소,『건지인문학』 제15집, 2016.02
현대 한국사회의 이름짓기 요건에 관한 고찰: 발음오행 성명학을 중심으로
    한국민속학회,『한국민속학』 제62집, 2015.11
간지기년(干支紀年)의 형성과정과 세수(歲首)·역원(曆元) 문제
    한국학중앙연구원,『정신문화연구』 제140호, 2015.09
사시(四時)·월령(月令)의 명리학적 수용에 관한 고찰
    한국학중앙연구원,『정신문화연구』 제136호, 2014.09
창씨개명 시기에 전파된 일본 성명학(姓名學)의 영향
    한양대학교 동아시아문화연구소,『동아시아문화연구』 제57집, 2014.05
명리학에서 시간(時間)에 관한 논점 고찰: 자시(子時)를 중심으로
    원광대학교 원불교사상연구원,『원불교사상과 종교문화』 제59집, 2014.03
십이지의 상호작용 관계로서 충(衝)·형(刑)에 관한 근원 고찰
    한국학중앙연구원,『정신문화연구』 제132호, 2013.09
서거정의 命理觀 연구:『오행총괄』序와『필원잡기』를 중심으로
    한국국학진흥원,『국학연구』 제22집, 2013.06
사주와 운명론, 그리고 과학의 관계
    원광대학교 원불교사상연구원,『원불교사상과 종교문화』 제55집, 2013.03
地支의 상호 변화작용 관계로서 地支合 연구
    서강대학교 철학연구소,『철학논집』 제31집, 2012.11
조선조 命課學 試取書『徐子平』에 관한 연구
    한국학중앙연구원,『장서각』 제28집, 2012.10
성수신앙의 일환으로서 북두칠성의 신앙적 화현 양상
    연세대학교 국학연구원,『동방학지』 제159집, 2012.09

훈민정음의 제자원리와 역학사상: 음양오행론과 삼재론을 중심으로
　　　　　　　서울대학교 철학사상연구소, 『철학사상』 제45호, 2012.08
天干의 상호 변화작용 관계로서 天干合 연구
　　　　　　　서강대학교 철학연구소, 『철학논집』 제30집, 2012.08
현대 한국사회의 이름짓기 방법과 특성에 관한 고찰: 기복신앙적 관점을 중심으로
　　　　　　　한국종교학회, 『종교연구』 제65집, 2011.12
민속신앙을 읽는 부호, 십간(十干)·십이지(十二支)에 대한 근원적 고찰
　　　　　　　고려대학교 민족문화연구원, 『민족문화연구』 제54호, 2011.06
한국 일생의례의 성격 규명과 주술성
　　　　　　　한국학중앙연구원, 『정신문화연구』 제122호, 2011.03
조선 전기 이전 四柱命理의 유입 과정에 대한 고찰
　　　　　　　서울대학교 규장각한국학연구원, 『한국문화』 제52호, 2010.12
세시풍속의 기반 변화와 현대적 변용
　　　　　　　비교민속학회, 『비교민속학』 제38집, 2009.04
한국 맹인 점복자의 전개양상
　　　　　　　한국역사민속학회, 『역사민속학』 제28호, 2008.11
역서(曆書)류를 통해 본 택일문화의 변화
　　　　　　　국립민속박물관, 『민속학연구』 제20호, 2007.06

활동경력

인천광역시교육청, 서울대학교 규장각한국학연구원, 원광대학교 동양학대학원, 경기대학교 예술대학원, 한양대학교 융합산업대학원, 경성대학교 경영대학원, 가톨릭관동대학교, 한양대학교 동양학 대토론회 등 특강 다수, 한국도교문화학회와 공동 학술세미나(도교·노자·명리학) 개최

SBS 8시뉴스, MBC 생방송 오늘아침, KBS 아침뉴스타임, KBS 추적60분(운명의 바코드 750105) 등 방송 출연 및 신문 보도 다수.

　　　　　　　(KBS 추적60분, 운명의 바코드 750105)

목 차

제9장. 격국과 용신   13
1. 격국과 용신의 개요   15
2. 격국과 용신을 살피는 이유   20
3. 사주 강약의 구분 기준   23
4. 억부용신과 조후용신   29
5. 격국을 정하는 기준   34
6. 『자평진전』의 격국과 격국용신   39
7. 격국용신의 취용   41

제10장. 격국의 종류   45
1. 식신격   47
2. 상관격   55
3. 정재격   62
4. 편재격   68
5. 정관격   73
6. 편관격(칠살격)   77
7. 정인격   79
8. 편인격(도식격)   82
9. 건록격(비견격), 양인격·음인격(겁재격)   85
10. 종격(從格)   89
11. 화격(化格)   93

제11장. 사주 간명 방법   95
1. 사주 간명의 순서   97
2. 사주 간명시 참고사항   110
3. 쌍생아(雙生兒)·동일사주 간명법   117
오행과 질병   132
오행의 전공과 직업   137
부부 궁합의 명리학적 특징   151

제12장. 운명론 관련 읽을거리　　　　　　　　155
　산으로 돌아가는 중[僧] 해안(海眼)을 전송한 글　　157
　허균과 소설 속 홍길동의 명리학적 연관성　　　　159
　과로도기도(果老倒騎圖)　　　　　　　　　　　　166
　인정승천(人定勝天)　　　　　　　　　　　　　　167
　운명(運命)의 세 종류　　　　　　　　　　　　　168
　사주와 운명론 그리고 과학　　　　　　　　　　　170
　후천팔괘와 구궁(九宮)　　　　　　　　　　　　　175
　운명을 바꾸는 방법(개운법), 오유지족(吾唯知足)　177

참고문헌　　　　　　　　　　　　　　　　　　　　179

"격물치지: 천하 사물의 이치에 대하여 깊이 궁리하고 연구하여(格物) 나의 앎(지식.지혜)을 지극하게 넓혀 나가는 데(致知) 힘쓰기를 오래 하면 어느 날 문득 활연(豁然)히 관통(貫通)함에 이른다."
즉 천하 사물의 이치에 대해 막혀 있던 것이 꾸러미를 꿰듯 환하게 통하여 도(道)를 깨닫는다.
— 주자(朱子), 『대학장구(大學章句)』

시험받지 않는 삶은 살 가치가 없다.
— 소크라테스

두려움은 당신이 두려워하는 그 일을 할 때 비로소 없어진다.
— 다가오는 사슴(컴잉 디어)_아메리카 인디언 체로키 족

바람은 촛불 하나는 꺼뜨리지만 모닥불은 살린다.
— 나심 니콜라스 탈레브

지나고 보니 높은 산인 줄 알았는데 언덕이고, 험한 강인 줄 알았는데 개울이더라.
— 노겸 김만태

제9장. 격국과 용신

 1. 격국과 용신의 개요
 2. 격국과 용신을 살피는 이유
 3. 사주 강약의 구분 기준
 4. 억부용신과 조후용신
 5. 격국을 정하는 기준
 6. 『자평진전』의 격국과 격국용신
 7. 격국용신의 취용

제9장. 격국과 용신

1. 격국과 용신의 개요

(1) 격국과 용신의 개념

격국과 용신: 사주의 길흉을 판단함에 있어 가장 중심이 되는 사항.
격국(格局): 사주의 짜임새·틀·그릇
용신(用神): 사주의 쓰임새, 길흉판단의 잣대

그릇 안에는 여러 가지 많은 물건을 담을 수 있다. 그릇은 무엇을 담느냐에 따라 그 역할이 달라진다. 그릇에는 밥을 담는 밥그릇, 물을 담는 물그릇, 불을 담아두는 화로, 된장이나 간장을 담가두는 장독, 쌀을 담아두는 쌀독 등이 있다. 그 안에 무엇을 담느냐에 따라 그릇은 그 용도와 모양이 각기 다르다. 곡식을 담아두는 그릇도 그 안에 쌀·보리·콩 등 무슨 곡식을 담느냐에 따라 그 역할이 달라진다. 이러한 그릇의 종류를 사주에 비유하면 사주의 격국(格局)이라고 할 수 있다.

같은 종류의 그릇이라도 개별적으로 자세히 살펴보면 흠이 있기 마련이다. 그릇의 수만큼이나 다양하게 흠에도 여러 종류가 있다. 아주 경미한 흠에서부터 매우 심각한 흠에 이르기까지 그 경중(輕重)에 따라 여러 가지 흠이 있다. 흠의 모양이나 위치, 흠이 생긴 원인 등에 따라서도 매우 다양한 흠이 있다. 그릇에 흠이 있다고 해서 그 그릇을 바로 버리지는 않는다. 어떻게든 그 흠을 보완해서 그릇을 잘 사용하려고 하는 게 인지상정이다.

마찬가지로 사주명리학에서도 사주 그릇의 종류가 무엇인지(격국)를 판단하고 나면 사주 그릇에 있는 흠을 파악해서 그 흠을 보완하는 방법을 찾아서 사주란 그릇을 가능한 좋게 사용하려고 노력한다. 이것이 바로 용신(用神)이다.

☞ 용신이란 사주의 전체 짜임새(격국)를 바탕으로 사주의 길흉화복을 좌우하는데 있어서 가장 중요한 역할을 하는 오행(五行)이나 간지(干支)이다.

용신에는 억부(抑扶)·조후(調候)·격국(格局)·병약(病藥)·통관(通關)·순응(順應)용신이 있다.

"사주에 있어 용신을 가려내는 일은 가장 중요한 일로서 용을 그릴 때에 어려운 일이 눈을 그리는 것처럼 용신을 가려내는 일은 명리상(命理上) 가장 어려운 과제이다. 대개 용신을 가려내는 데는 격국에 대한 분별을 먼저 명확히 해두는 것이 필요하다."[1]

(2) 격국의 종류

사주의 격국에는 여러 가지 종류가 있으며, 보는 관점에 따라 10가지에서 수십 가지로 매우 다양하게 나눌 수 있다. 그러나 크게 나누면 정격(正格)과 편격(偏格), 잡격(雜格)으로 구분할 수 있다.

① **정격(正格)**: 내격(內格), 십정격(十正格)
식신격, 상관격, 편재격, 정재격, 편관격, 정관격, 편인격, 정인격, 건록격, 양인격

② **편격(偏格)**: 외격(外格), 변격(變格)
- 화격(化格): 갑기합화토격(甲己合化土格), 을경합화금격(乙庚合化金格),
  　　　　　　병신합화수격(丙辛合化水格), 정임합화목격(丁壬合化木格),
  　　　　　　무계합화화격(戊癸合化火格)
- 종격(從格): 종강격(從强格, 인성), 종왕격(從旺格, 비겁)=전왕격(專旺格)
  　　　　　　종아격(從兒格), 종재격(從財格), 종살격(從殺格)
※ 전왕격(專旺格): 곡직격(曲直格), 염상격(炎上格), 가색격(稼穡格),
  　　　　　　　　종혁격(從革格), 윤하격(潤下格)

③ **잡격(雜格)**: 비천록마격, 정란차격, 임기용배격, 자요사격, 축요사격, 현무당권격 등
☞ 잡격은 이치에 맞지 않는 경우가 많으므로 격국으로 적용하지 않는다.

---

1) 박재완, 『명리요강』(역문관서우회, 1999), 88쪽.

(3) 용신의 종류

사주의 격국을 정하고 나면 그에 맞는 용신을 정하게 된다. 용신의 종류는 다음과 같다.

① **억부(抑扶)용신**: 일간(日干) 강약(强弱)의 중화(中和)를 맞추는 것으로 용신을 삼는 것.
② **조후(調候)용신**: 사주 온도[한난 寒暖]와 습도[조습 燥濕]의 조화(調和)를 맞추는 것으로 용신을 삼는 것.
③ **병약(病藥)용신**: 사주의 기신(忌神)인 병(病)을 제거하는 약(藥)으로 용신을 삼는 것.
④ **통관(通關)용신**: 대치하는 두 오행의 싸움을 중간에서 화해(和解)시키는 것으로 용신을 삼는 것.
⑤ **순응(順應)용신**: 강왕(强旺)한 세력을 거스르지 않고 순응하는 것으로 용신을 삼는 것, 종왕(從旺)용신
⑥ **순역(順逆)용신**: 격국(格局)용신, 『자평진전』의 용신론

(4) 격국론의 전개

서자평이 주석·저술한 『낙록자삼명소식부주(珞琭子三命消息賦注)』·『옥조신응진경주(玉照神應眞經注)』·『명통부(明通賦)』, 서대승의 저술을 위주로 한 『연해자평(淵海子平)』, 장남의 『명리정종(命理正宗)』, 만민영의 『삼명통회(三命通會)』 등에서는 사주의 단편적인 특징을 위주로 많은 격국들을 다루었다. 유백온의 『적천수(滴天髓)』는 종격(從格)과 화격(化格)에 대해서 설명하였다. 진지린의 『명리약언(命理約言)』은 잡격(雜格)을 완전히 배제하고 오로지 십정격과 종격, 화격만 설명하였다. 심효첨의 『자평진전(子平眞詮)』은 4길신과 4흉신으로 격을 구별하고 이에 따라 격과 용신을 정하는 원리를 설명하였다. 격은 월지(月支)를 위주로 하고, 용신은 격의 길흉에 따라 순역(順逆)해서 적용한다.

(5) 용신론의 전개

① 억부용신: 서자평의 저술,『연해자평』,『명리약언』
② 조후용신:『궁통보감』
③ 병약용신:『명리정종』
④ 통관·순응(종왕)용신:『적천수』
⑤ 순역(격국)용신:『자평진전』

『연해자평』은 억부만이 아니라 조후·병약·통관·순응에 의해 중화(中和)에 이르는 방법에 관해서도 많은 내용은 아니지만 빠짐없이 언급하고 있다. 따라서 사주팔자의 중화를 달성하는데 있어서 가장 핵심 요소인 용신론은『연해자평』에서 거의 확립되었다고 볼 수 있다. 이후 저술들에서는 용신론이 보다 체계화·심화되는 단계를 밟는다.

"십팔격(十八格)도 마땅히 선악을 따라 추구해야 하고, 모두 오행에 연계하여 각각 왕쇠(旺衰)와 소식(消息)을 취해야 한다. 신왕(身旺)하면 어찌 인수(印綬)의 노고를 바라겠는가? 신쇠(身衰)하면 재관(財官)을 기뻐하지 않는다. 중화(中和)는 복이 되고 편당(偏黨)은 재앙이 된다.2) 천시(天時)를 추리하고 지리(地利)를 관찰해서 태과(太過)와 불급(不及)을 줄이고 중화(中和)로써 취용한다."3) <억부법>

"본신(本身)이 여름에 태어나고 화토(火土)가 많으면 수(水)의 구제를 만나야 중화되어 귀해진다. 수화(水火)는 원래 기제(旣濟) 되어야 하니, 관리·교화 되면 명리를 세상에 떨친다. 삼동(三冬)에 태어나면 수가 차갑고 금도 차가우니 화를 얻어 서로 도와주면 범상하지 않다."4) <조후법>

"인수(印綬)가 재성(財星)을 만났는데 재운(財運)으로 가고 또 사절지(死絶地)를 겸하면 반드시 황천에 들어간다. (그러나) 만약 비견(比肩)을 보면 (근심이)

---

2) 徐升 편저,『淵海子平評註』, 台北: 武陵出版, 1996, 211쪽, <金玉賦>, "十有八格, 當從善惡推求. 總繫五行, 各取旺衰消息. 身旺何勞印綬, 身衰不喜財官. 中和爲福, 偏黨爲災."
3) 위의 책, 228~229쪽, <挈要捷馳玄妙訣>, "故推天時, 察地利, 約太過而不及, 以中和而爲用."
4) 위의 책, 186쪽, <寸金搜髓論>, "身居九夏火土多, 相逢水濟貴中和. 水火元來要旣濟, 管敎名利振山河. 生居三冬, 水冷金寒, 得火相扶, 莫作等閒."

거의 해소된다."5) <병약법>

"이는 신약(身弱)한데 관귀(官鬼)를 만나면 物(인수)을 얻어서 관귀를 변화시키는 것이 좋다는 것이다. 만약 갑(甲) 일간이 관살인 금에게 손상을 당하는 경우 시상(時上)에 임계수(壬癸水) 중 하나가 있거나, 신자진(申子辰) 수국(水局)이 있어서 해결한다면 흉한 것을 길한 것으로 변화시킬 수 있다. 나머지도 이와 같다."6) <통관법>

"이 격은 갑을(甲乙) 일간이 지지에 인묘진(寅卯辰)이나 해묘미(亥卯未) 목국(木局)을 취하는 것으로 동북방[木水]운을 좋아하고 서방[金]운을 꺼린다."7) <순응법>

---

5) 위의 책, 175쪽, <論格局生死引用>, "印綬見財, 行財運, 又兼死絶, 必入黃泉. 如柱有比肩, 庶幾有解."
6) 위의 책, 61쪽, <論五行生剋制化各有所喜所害例>, "此乃身弱遇鬼, 得物以化之則吉. 如甲日被金殺來傷, 若時上一位壬癸水, 或申子辰解之, 卽能化凶爲吉. 餘者倣此."
7) 위의 책, 144쪽, <外十八格·曲直格>, "此格以甲乙日干, 取地支寅卯辰, 或亥卯未木局, 運喜東北方, 忌西方運."

2. 격국과 용신을 살피는 이유

☞ 학창시절 가난한 집에 태어나 고생은 무척 많았지만 공부를 잘해 학업성적은 좋았던 사람, 사회적으로 성공은 했으나 가정적으로 불행한 사람이나 그 반대 경우의 사람들이 우리 주변에 많은데 이들 사주명조의 길흉은 어떻게 판단해야 할까?

(1) 격국(格局)용신

격국용신은 사주 주인공(일간 日干)이 하는 사회활동의 모습을 보여주는 명함이다!

격국은 사회적 활동무대이고 격국용신은 사회적 활동력이다. 학생은 학교와 학교생활(공부·시험), 직장인은 회사와 직장생활(승진·지위), 사업자는 사업장과 사업활동(번창·재물)이다. 격국과 격국용신이 뚜렷하면 학생은 학교생활에 잘 적응하고 공부를 잘하고 시험에 합격한다. 직장인은 직장생활을 활동적으로 하고 직장 안에서 능력을 발휘하며 승진가도를 달리며 촉망받는 자리에 오른다. 사업자는 사업활동을 활발하게 하며 사업이 번창하고 많은 재물을 모으게 된다.

그러나 격국이나 격국용신이 충(沖)이나 극(剋)을 당하거나 파격(破格)이 되면 그 반대 현상이 나타난다. 학생은 학교생활에 적응을 못해 학업을 중도에 포기하거나 열심히 공부하고서도 정작 시험에는 떨어지게 된다. 직장인은 승진에서 탈락하거나 변변찮은 자리에 머물게 되고 직장을 그만두거나 옮기게 된다. 사업자는 사업을 진행함에 많은 장애에 부닥치고 사업이 부진해서 결국에는 부도를 당하게 된다.

(2) 억부(抑扶)용신

억부용신은 사주 주인공(일간 日干)이 갖고 있는 개인적인 희망사항이다!
일간의 강약, 즉 신강·신약이 문제 되는 것이 아니라 억부용신의 상태가 관건이다. 억부용신은 사주의 주인공인 일간이 다른 육신(육친, 부모형제, 배우자, 자식, 재물, 대인관계, 개인 성향, 취미, 건강, 종교, 이성교제 등)을 감당하는 능력과 대응하는 자세를 가늠하는 기준이 된다. 억부용신은 개인적 활동과 건강, 가정생활을 담당한다. 예를 들어 학창시절에 억부용신은 좋은데 격국과 격국용신이 충극을 당하거나 파격되면 가정은 편안하고 집안은 좋은데 학교생활에 적응 못하고 공부를 안 한다. 직장인과 사업자는 가정생활[억부]은 원만하고 좋지만 직장생활과 사업활동[격국]은 애로가 많고 직장을 그만두거나 사업을 접게 된다.

※ 신강·신약의 차이가 현저한 사주, 격국이 불분명한 사주에서만 억부용신을 갖고 사주를 풀 수 있다. 강약이 중화에 근접한 사주는 오히려 격국용신, 조후용신, 물상론, 각 육신의 구조 등으로 사주를 해석해야 한다. 특히 학교·직장·사업 등 사회적 활동의 성공 여부는 격국용신의 동태로 살펴봐야 한다.

(3) 조후(調候)용신

조후용신은 사주 환경의 기후인 온도와 습도, 즉 차거나 따뜻하고 메마르거나 축축한 한난조습(寒暖燥濕)의 상태를 조화롭게 한다. 개인의 건강, 육친과의 궁합(宮合), 매사 진행의 순조로움이나 지체 여부와 관련된다.
지나치게 한습(寒濕)한 경우는 丙丁巳午未戌寅, 지나치게 난조(暖燥)한 경우는 壬癸亥子丑辰申이 조후용신.
조후용신이 필요한 대표적인 경우는 다음과 같다.
- 겨울(亥子丑월)이나 여름(巳午未월)에 태어난 木金土, 특히 子월과 午월생.
- 금수상관희견관(金水傷官喜見官): 겨울철의 金일간은 火관성을 좋아한다.
- 한목향양(寒木向陽): 겨울철 나무는 햇볕을 좋아한다. 만약 丁火가 있다면 비닐하우스(온실)로 볼 수 있다.
- 입춘(立春)에서 우수(雨水) 사이, 인(寅)월 초반까지는 아직 한기(寒氣)가 남아 있으므로 조후가 필요하다.
- 동짓달(子월)에 태어난 土일간은 불(火)이 있는 것이 비겁(土)이 있는 것보다 유리하다.

(4) 억부·격국·조후용신의 비교

   甲   己
   戌   未
   일   월

재다신약(財多身弱)으로 봐서 비겁(比劫) 木을 용신으로 잡으면 억부론.
정재격(正財格)을 살려주는 식상(食傷) 火와 정관(正官) 金을 용신으로 잡으면 격국론.
조열(燥熱)한 것으로 봐서 水를 용신으로 잡으면 조후론.

3. 사주 강약의 구분 기준

(1) 통근(通根)

통근(通根)이란 천간에 있는 글자가 지지에 뿌리[根]를 내렸다는 의미이다. 예를 들어 천간에 丙火나 丁火가 있고 지지에 巳火나 午火가 있다면 통근이 된다. 寅木이 있어도 통근이 된다. 왜냐하면 寅木은 火의 生支이기 때문이다. 그리고 戌土가 있어도 약간의 뿌리가 되는데 이는 戌 중에 丁火가 있기 때문이다. **통근지(支)는 각 오행의 삼합과 방합이 되는 지지이다(화토는 같이 본다).**

일간(日干)의 통근 여부를 살피는 것은 격국과 억부를 해석함에 있어 매우 중요하다. 다른 육신도 그 통근 여부를 살펴야 한다. 통근에도 그 힘의 강약(强弱) 차이는 있다.

첫째는 자리(宮)이다. 일간의 경우 月支에 통근하는 것이 그 힘이 가장 안정되고 강하며, 그 다음은 앉은 자리인 日支이고, 時支, 年支 순이다.

다른 육신의 경우도 月支에 통근하는 것이 그 힘이 가장 안정되고 강하며, 그 다음은 앉은 자리(宮)이고, 가까운 자리 순이다. 예를 들어 年干의 자리에 따른 통근력(通根力)은 월지→연지→일지→시지 순이다.

둘째는 지지의 특성이다. 같은 자리(宮)에 통근했더라도 그 자리에 어떤 지지가 있는가에 따라서도 통근력이 달라진다. 예를 들어 丙火나 丁火가 월지에 통근했더라도 巳午火에 통근하는 경우와 寅木에 통근하는 경우와 戌未에 통근하는 경우가 각기 그 통근하는 힘이 다르다.

셋째, 인성이 곧 통근처(通根處)가 되는 것은 아니다. 예를 들면 子는 木星, 卯는 火星, 辰未는 金星, 酉는 水星의 인성이 되지만 통근처는 되지 못한다. 즉 다른 인성에 비해 생해주는 영향력이 미약하다고 본다.

　　　　왕　생　고 ~
甲乙(木): 卯寅亥辰未
丙丁(火): 午巳寅未戌
戊己(土): 午巳未戌(寅)
庚辛(金): 酉申戌丑(巳)
壬癸(水): 子亥申丑辰

(가을의 木은 비록 약하지만 木의 뿌리가 깊으면 木도 마찬가지로 강하다) 그러므로 천간은 월령(月令)의 휴수(休囚)를 논하지 않는다. 다만 중요한 것은 사주(四柱)의 통근(通根)이다. 그런즉 재(財)·관(官)·식신(食神)을 받아들이는 것이 가능하고, 상관(傷官)과 칠살(七殺)도 감당할 수 있다.

장생(長生)과 녹왕(祿旺)이 통근에 중요한 것이다. 묘고(墓庫)와 여기(餘氣)는 통근에 경미한 것이다.

(천간에서) 1개의 비견(比肩)을 얻는 것은 지지에서 1개의 묘고(墓庫)를 얻는 것보다 못하다. 예를 들면 甲이 未만나고 丙이 戌을 만나는 종류들이다. 乙이 戌을 만나고 丁이 丑을 만나는 것들은 이와 같이 논하지 않는다. 이런 까닭은 戌 중에는 木이 들어있지 않고, 丑 중에는 火가 들어있지 않기 때문이다.

(천간에서) 2개의 비견을 얻는 것은 (지지에서) 여기(餘氣)를 얻는 것보다 못하다. 예를 들면 乙이 辰을 만나고 丁이 未를 만나는 종류들이다. (천간에서) 3개의 비견을 얻는 것은 (지지에서) 장생(長生)·녹인(祿刃)을 얻는 것보다 못하다. 甲이 亥寅卯를 만나는 종류들이다.

음간(陰干)의 장생은 이와 같이 논하지 않는다. 예를 들면 乙이 午를 만나고 丁이 酉를 만나는 종류들이다. 그러나 마찬가지로 통근하는 것이 되며, 1개의 여기(餘氣)를 얻는 것과 같다.

대체로 비겁·겁재는 친구들이 서로 돕는 것과 같고, 통근(通根)은 가족들이 함께 살 수 있는 집(가정)과 같다. 천간이 많은 것은 (지지에서) 뿌리가 중(重)한 것보다 못하다는 이치는 매우 확고하다.

是故十干不論月令休囚. 只要四柱有根. 便能受財官食神而當傷官七殺. 長生祿旺, 根之重者也. 墓庫餘氣, 根之輕者也. 得一比肩, 不如得支中一墓庫. 如甲逢未丙逢戌之類. 乙逢戌, 丁逢丑, 不作此論. 以戌中無藏木, 丑中無藏火也. 得二比肩, 不如得餘氣. 如乙逢辰丁逢未之類. 得三比肩, 不如得一長生祿刃. 如甲逢亥寅卯之類. 陰長生不作此論. 如乙逢午丁逢酉之類. 然亦爲有根, 比得一餘氣. 蓋比肩劫如朋友之相扶, 通根如室家之可住. 干多不如根重, 理固然也.

― 『자평진전』 논십간득시불왕실시불약(論十干得時不旺失時不弱)

일간은 월령(月令)의 휴수(休囚)를 논할 것 없이 다만 사주에 근(根)이 있는 것이 중요하다. 그러면 재관(財官)·식신(食神)을 받아들이고 상관(傷官)·칠살(七殺)을 감당해낼 수 있다. 장생(長生)과 녹왕(祿旺)은 근(根) 중에 무거운 것이고, 묘고(墓庫)와 여기(餘氣)는 근(根) 중 가벼운 것이다.

천간에서 비견(比肩) 하나를 얻은 것은 지지에서 여기(餘氣)나 묘고(墓庫) 하나를 얻은 것만 못하다. 묘(墓)는 갑을(甲乙)이 미(未)를 만나고 병정(丙丁)이 술(戌)을 만나고 경신(庚辛)이 축(丑)을 만나고 임계(壬癸)가 진(辰)을 만나는 것이다. 여기(餘氣)는 병정(丙丁)이 미(未)를 만나고 갑을(甲乙)이 진(辰)을 만나고 경신(庚辛)이 술(戌)을 만나고 임계(壬癸)가 축(丑)을 만나는 것이다.

천간에서 비견(比肩) 둘을 얻은 것은 지지에서 장생(長生)이나 녹왕(祿旺) 하나를 얻은 것만 못하다. 예컨대 갑을(甲乙)이 해인묘(亥寅卯)를 만나는 것과 같다. 대체로 비견은 친구[朋友]가 서로 돕는 것과 같고, 통근(通根)은 가족[家室]에게 믿고 맡기는 것과 같으므로 천간에 비견이 많은 것은 지지에 뿌리가 중한 것만 못하다는 이치는 본래부터 그러하다.

요즘 사람들은 이러한 이치를 모르고, 봄의 토(土), 여름의 화(火), 가을의 목(木), 겨울의 화(火)를 보게 되면 뿌리[根]의 유무(有無)를 따지지 않고 곧바로 그것이 쇠약하다고 말하고, 봄의 목(木), 여름의 화(火), 가을의 금(金), 겨울의 수(水)를 보게 되면 극제(剋制)의 경중(輕重)을 판단하지도 않고 곧바로 그것이 왕성하다고 말한다.

또한 임계(壬癸)가 진(辰)을 만나고 병정(丙丁)이 술(戌)을 만나고 갑을(甲乙)이 미(未)를 만나고 경신(庚辛)이 축(丑)을 만나는 것 등은 신고(身庫)에 통근(通根)했다고 여기지 않고, 심지어는 형충(刑沖)을 구해서 그것을 열려고[開] 한다. 형충이 나의 본근(本根)의 기(氣)를 손상시킨다는 것을 전혀 생각하지 않으니 이런 잘못된 논리는 반드시 모두 쓸어 없애야 한다.

— 임철초, 『적천수천미』 통신론 <쇠왕(衰旺)>

(2) 사령(司令)

사령(司令)은 당령(當令)이라고도 말하며, 월지 내의 지장간 중 누가 주도권을 잡고 있는지를 의미한다. 월지에 사령한 천간은 청와대에 든든한 배경을 갖고 있는 것과 같다. 예를 들어 寅月의 입춘이 10일 지난 후에 태어난 사람은 인월의 지장간이 戊丙甲의 순서로 각기 7·7·16일씩 관장하므로 丙火에 사령·당령한 것이 된다.

☞ 대운수(大運數) 산출법
대운수는 대운이 몇 살 때부터 시작해서 몇 살까지 지속되는가를 알려준다.
순행 운(양남음녀): 생일로부터 다음 절입일(節入日)까지 남은 일수를 3으로 나누고,
역행 운(음남양녀): 지난 절입일로부터 생일까지 지나온 일수를 3으로 나눈다.
- 나머지가 1이면 버리고, 2이면 반올림해서 대운수에 1을 더한다.

Ex)
乙 丙 戊 己 <2009년생>
未 戌 辰 丑

<건명>
72 62 52 42 32 22 12 2
庚 辛 壬 癸 甲 乙 丙 丁
申 酉 戌 亥 子 丑 寅 卯

<곤명>
78 68 58 48 38 28 18 8
丙 乙 甲 癸 壬 辛 庚 己
子 亥 戌 酉 申 未 午 巳

역행 운(음남양녀)에 해당하므로 지난 절입일로부터 생일까지 남자는 2×3일로

6일이 지났고, 여자는 8×3일로 24일이 지났다. 辰月의 지장간이 乙癸戊의 순서로 각기 9·3·18일씩 관장하므로 남녀 모두 乙木에 사령하였다.

(3) 득령과 실령

득령(得令)이란 일간이 월지(月支)에서 비겁이나 인성을 얻었다는 뜻이다.
예를 들면 甲乙일간이 寅卯나 亥子월에 태어났다면 득령한 것이다.
☞ 월지에서 실령(失令)하면 신약해질 가능성이 높다.

(4) 득지와 실지

득지(得地)란 일간이 일지(日支)에서 비겁이나 인성을 얻었다는 뜻이다.
예를 들면 甲寅, 甲子, 乙卯, 丙午, 丙寅, 丁卯, 戊辰, 戊戌, 戊午, 己未, 己丑, 己巳, 庚申, 庚戌, 庚辰, 辛酉, 辛未, 辛丑, 壬子, 壬申, 癸亥 일주들이다. 그러나 인성이 곧 득지는 아니며, 甲辰·乙未, 丙戌·丁未, 壬辰·癸丑일주는 계절에 따라 득지로 볼 수도 있다.

<인성의 구체적 득지 여부>

천간오행		木	火	土	金	水
득지여부	×	子	卯			酉
	○	亥	寅	午	戌丑	申
	△			巳	辰未(조후)	

(5) 득세와 실세

득세(得勢)란 일간이 월지와 일지를 제외한 나머지 천간과 지지에서 비겁과 인성을 3개 이상 얻었다는 뜻이다. 같은 개수일지라도 천간보다 지지의 세력이 더 크다.

<사주 강약의 구분 8단계>

구분	⇐ 신강			중화			신약 ⇒	
	최강	중강	강	약변강	강변약	약	중약	최약
월지	○	○	○	×	○	×	×	×
일지	○	×	○	○	×	×	○	×
세력	○	○	×	○	×	○	×	×

* 최강사주와 최약사주가 곧 종격 사주는 아니므로 서로 구분해야 된다.
  일간이 아주 약하게라도 통근하고 있다면 웬만하면 종하지 않는다. 즉 일간의 의지대로 살아가려고 하는 경향이 훨씬 더 크다.
* 약변강, 강변약 사주는 대체로 중화된 사주라고 볼 수 있다.

<예 시>

壬 癸 己 丙 子 卯 亥 申 득령, 실지, 득세, 강	丁 庚 乙 癸 亥 午 丑 卯 득령, 실지, 실세, 약
辛 壬 丙 己 丑 申 子 亥 득령, 득지, 득세(丑통근, 방국), 최강	壬 庚 庚 壬 午 辰 戌 寅 득령, 득지(통근×), 실세, 午공협, 강

己 己 戊 乙 巳 亥 寅 巳 실령, 실지, 득세, 약변강	戊 丙 己 戊 戌 午 未 申 실령(丁통근), 득지, 실세(戌통근), 午戌반합, 약변강, 己土당령이면 강변약
庚 丙 己 丙 寅 戌 亥 午 실령, 득지, 득세, 午공협, 약변강	壬 辛 丁 癸 辰 丑 巳 丑 실령, 득지, 실세, 酉공협, 중약

4. 억부용신과 조후용신

(1) 억부용신

일간이 신왕(身旺-비겁 多)하거나 신강(身强-인성 多)하면 식상, 관성(비겁이 많은 경우), 재성(인성이 많은 경우)이 억부용신이다. 기왕이면 관성보다는 식상을 우선 억부용신으로 삼는다.

일간이 신약(身弱)하면 일간을 생해주는 인성이나, 도와주는 비겁이 억부용신이다.

☞ 인성·식상 용신은 일이 금방 성사되는 것이 아니라 오랫동안 준비하고 공을 들여야 한다.

억부용신은 일간의 정신력·의지력을 반영한다. 따라서 신강·신약과 관계없이 억부용신이 튼튼하면 일간의 의지력이 강하고 자기에게 주어진 일을 제대로 감당하고 처리할 수 있다.

억부용신운이 와도 격국용신과 안 맞으면 개인적·가정적으로는 좋아질지라도 사회적·대외적으로는 발전하기 어렵다. 자기만족을 못하고 항상 갈등관계가 존재한다.

억부용신도 반드시 하나만 있는 것은 아니다. 그러나 억부용신의 개수만큼 일간의 정신도 분산된다.

Ex)
土가 왕한 사주　①용신: 金식상 — 생명의학 연구직
　　　　　　　　　②용신: 木관성 — 교육관련 직장인

土가 허한 사주　①용신: 火인성 — 종교·상담 관련업
　　　　　　　　　②용신: 土비겁 — 농업·부동산(토지)

(2) 조후용신

조후용신은 사주가 너무 춥거나(寒) 덥거나(暖) 메마르거나(燥) 축축할 때(濕), 사주 기후를 순조롭게 해주는 것이다.

사주가 너무 춥거나 축축한 경우는 火와 寅未戌, 너무 덥거나 메마른 경우는 水와 申丑辰이 조후용신이다.

금수상관(金水傷官)격, 목화상관(木火傷官)격 사주는 기본적으로 조후용신을 필요로 한다.
- 금수상관은 火관성, 목화상관은 水인성이 조후용신이다.

겨울나무도 기본적으로 조후를 필요로 한다 ⇒ 火식상 용신, 한목향양(寒木向陽)

조후가 되지 않은 사주는 일을 처리함에 있어서 장애와 막힘이 많고 시간적으로 지체가 되고 건강상에 많은 문제가 생긴다.

부부간의 속궁합도 조후용신으로 살핀다.

甲 庚 己 庚   <곤명> 1960년생
申 子 丑 子

71 61 51 41 31 21 11 1
辛 壬 癸 甲 乙 丙 丁 戊
巳 午 未 申 酉 戌 亥 子

申子·子丑 水局
金이 차가운 물속에 빠져서 꽁꽁 얼었다 ⇒ 금한수냉(金寒水冷)
식상이 태왕하나 조후가 안 되어 오히려 무자식
수차례 인공수정을 했으나 모두 실패

戊 戊 甲 戊 <건명> 1948년생
午 子 子 子

73 63 53 43 33 23 13 3
壬 辛 庚 己 戊 丁 丙 乙
申 未 午 巳 辰 卯 寅 丑

갑목과 무토가 꽁꽁 얼었다.
억부용신이자 조후용신인 午火가 子午충으로 꺼졌다.
성기능 저하, 발기부전

癸 戊 甲 戊 <건명> 1948년생
亥 寅 子 子

76 66 56 46 36 26 16 6
壬 辛 庚 己 戊 丁 丙 乙
申 未 午 巳 辰 卯 寅 丑

水가 한습(寒濕)한 병이다(戊土가 병약용신), 寅 중 丙火(조후용신+억부용신)
己巳대운 乙亥년(48세, 1995년) 여름, 두 사람이 우산을 쓰고 가다 벼락을 맞았으나 옆 사람은 죽고 자신은 살아났다.
- 乙亥년: 己巳대운과 천극지충(天剋地沖)하여 천지(天地)가 흔들림
- 寅 중 丙火가 있고 己巳대운이라 命을 마칠 사람은 아니다, 寅은 戊土의 장생지(長生支)
- 세운이 대운을 충극하면 흉하나 대운이 좋아 그래도 죽지 않았다.

己 甲 庚 甲 <건명> 1954년생
巳 午 午 午

제9장. 격국과 용신

80 70 60 50 40 30 20 10
戊 丁 丙 乙 甲 癸 壬 辛
寅 丑 子 亥 戌 酉 申 未

나무가 불에 타버렸다 ⇒ 화다목분(火多木焚)
40 甲戌대운 정신질환 심해졌다.

辛 丙 丙 己   <허경영> 1949년생
卯 申 子 丑

78 68 58 48 38 28 18 8
戊 己 庚 辛 壬 癸 甲 乙
辰 巳 午 未 申 酉 戌 亥

정관격(국)이라 관직을 지향하고, 인성(印星)용신이라 사람 됨됨이는 본래 괜찮다. 동짓달의 태양이므로 어디 가나 환영을 받는다. 그러나 동짓달의 태양은 계절적으로 그 기운이 약하다. 지지로 통근(通根)하는 火운이 오고, 억부용신인 木 인성도 미약하므로 木과 인연 맺고 木운이 와야 발전한다.
같은 하늘에 태양이 동시에 2개 떠있다. 그래서 오히려 어둡다→남다른 생각을 많이 한다. 丙辛합으로 본인이 서산(西山)으로 태양이 기울었다. 그래서 본인이 경쟁에서 밀린다(2인자 사주).

丁 戊 辛 丁   <고승덕 변호사> 1957년생
巳 子 亥 酉

71 61 51 41 31 21 11 1
癸 甲 乙 丙 丁 戊 己 庚
卯 辰 巳 午 未 申 酉 戌

戊土당령, 亥子(재성)방국, 午未공망, 巳亥충 내포, 官星없다(오히려 官에 집착, 虛官)

<격국> 편재격, 상관편재격, 재테크에 대한 관심과 응용력이 매우 탁월.

　격국용신 金식상 ⇒ 관직보다 프리랜서 스타일 ⇒ 재물·영리 추구(사회적)

<억부> 실령, 실지, 득세, 신약(身弱).

　억부용신 火인성, 지지 戊未土 ⇒ 인성, 학문, 종교, 내심 명예 추구(개인적)

21 戊申대운
　戊午(22세, 1978)~己未(23세, 1979): 사법·외무·행정고시 합격
　甲子(28세, 1984)~丁卯(31세, 1987): 수원지방법원 판사

31 丁未대운
　己巳(33세, 1989)~: 변호사 개업

41 丙午대운
　戊寅(42세, 1998)~: KBS '고승덕 김미화의 생생경제연구소' MC
　壬午(46세, 2002)~: 왕성한 재테크 활동, 펀드매니저 자격증 취득, 증권업(고승덕 펀드), 증권방송 카운슬러 활동, 증권투자 책 저술, SBS '솔로몬의 선택' 출연

51 乙巳대운
　戊子(52세, 2008)~壬辰(56세, 2012): 제18대 국회의원(서울 서초을, 한나라당)
　甲午(58세, 2014): 서울특별시교육감 선거 출마(무소속) 3위

---

21 戊申대운
　甲子(28세, 1984): 포항제철 창업주 박태준 씨의 차녀와 결혼, 남매를 두었다.

41 丙午대운
　戊寅(42세, 1998)~: 처자식이 미국으로 건너간 후 기러기아빠
　壬午(46세, 2002): 협의이혼, 장인(박태준)과의 불화설
　甲申(48세, 2004): 왕종근 아나운서의 소개로 재혼, 재혼 후 안팎으로 안정을 찾았다.

5. 격국을 정하는 기준

① 월지의 지장간 중에서 투출(透出)한 천간을 일간과 대비하여 무슨 십신(十神)인가를 파악하여 그 육신의 이름으로 격을 정한다.
그러나 원칙적으로 비견과 겁재는 격으로 정하지 않는다.(戊己일간은 예외)

② 월지의 지장간 중에서 正氣가 투간(透干)하면 가장 먼저 격으로 정한다.
예를 들어 庚金일간이 亥月에 태어났는데 亥月의 정기에 해당하는 壬水가 천간에 투출했다면 壬水는 庚金의 식신에 해당하므로 식신격(食神格)이 된다.

③ 정기가 투간하지 않고 餘氣나 中氣가 투간했을 경우에는 그 투간한 천간의 육신으로 격을 정한다. 여기와 중기가 같이 투간했을 때는 사령한 것 또는 기세가 강한 것으로 격을 정한다. 예를 들어 辰월 중의 乙·癸가 모두 투간했을 때, 木氣가 강한 계절이므로 乙木으로 격을 정한다.

④ 戊己일간을 제외하고는 원칙적으로 비견과 겁재는 격으로 정하지 않으며, 건록(建祿)과 양인(陽刃)·음인(陰刃: 월겁月劫)을 격으로 인정한다.

<일간의 건록과 양인·음인>

일간	甲	乙	丙	丁	戊	己	庚	辛	壬	癸
건록	寅	卯	巳	午	巳(편인)	午(편인)	申	酉	亥	子
양인	卯		午		午(정인)		酉		子	
음인		寅		巳	巳(정인)			申		亥

(戊己일간의 편인/정인 부분: 인성격?)

· 比肩: 일간과 음양오행이 같은 干支.
  (甲-甲寅, 乙-乙卯, 丙-丙巳, 丁-丁午, 戊-戊辰戌, 己-己丑未, 庚-庚申, 辛-辛酉, 壬-壬亥, 癸-癸子)

· 建祿: 일간의 확실한 뿌리(通根)가 되는 地支, 12운성의 건록支.
  (甲-寅, 乙-卯, 丙戊-巳, 丁己-午, 庚-申, 辛-酉, 壬-亥, 癸-子)

· 劫財: 일간과 오행은 같으나 음양이 다른 干支.
  (甲-乙卯, 乙-甲寅, 丙-丁午, 丁-丙巳, 戊-丑未, 己-辰戌, 庚-辛酉, 辛-庚申, 壬-癸子, 癸-壬亥)

· 陽刃: 겁재보다 훨씬 더 강한 기운을 지닌 陽干의 12운성 旺支.
  (甲-卯, 丙戊-午, 庚-酉, 壬-子)

· 陰刃: 월겁(月劫)이라고도 한다. 음간의 12운성 旺支.(乙-寅, 丁己-巳, 辛-申, 癸-亥)

☞ 천간의 비견과 겁재는 일간의 財(활동 공간)를 분탈할 가능성이 있으나, 지지의 건록과 양인·음인은 일간의 뿌리가 된다.

※ 기존의 12운성법으로 격국을 잡는다면 戊己일간은 인성격이 전혀 없다.
※ 일간이 戊나 己일 경우에는 辰戌 중의 戊, 丑未 중의 己를 격으로 잡아서 비견격 또는 겁재격으로 봐야 한다.

일간	辰戌의 戊 투간·당령	丑未의 己 투간·당령
戊	비견격	겁재격
己	겁재격	비견격

⑤ 子午卯酉월은 정기가 투간(透干)되지 않아도 격으로 정한다.

⑥ 辰戌丑未월에서 지장간이 모두 투출(透出)하지 않은 경우,
- 그 지장간과 같은 오행이 투출했다면 그 육신으로 격을 정한다. 예를 들어 未월의 지장간이 모두 투간하지 않았는데 丙火가 투간했다면 丁火대신 丙火로 격을 정할 수 있다.
- 그 지장간과 다른 오행이 투출하고 강한 세력을 이루고 있다면 그 강한 오행의 육신으로 격을 정한다. 예를 들어 辰월의 지장간 중에서 투출된 것이 아무 것도 없는데 시지가 巳나 丑이고 일지 酉에서 辛金이 투출했다면 辛金이 세력을 형성했다고 보이므로 그것으로 격을 정할 수 있다.

☞ 격국 판단시 유의사항

- 격에는 진격(眞格)과 가격(假格)이 있는데, 眞格은 월지장간 본기 중에서 격을 정한 것이고, 假格은 월지장간이 투출하지 않아 기세의 주도권을 잡은 오행으로 격을 정한 것이다. 격이 확실하게 정해진 경우(眞格) 말고 제대로 격이 정해지지 않았을 경우(假格)는 대운에서 격이 이루어지는 조건이 충족되면 성격(成格)한다. 즉 대운에 따라 격국도 변한다.(이런 경우 사회적 활동의 변화가 있다)
- 한 사주에 격국이 한 종류만 나오는 것은 아니다. 또한 모든 사주가 격국이 전부 정해지는 것도 아니다. 격국이 불분명한 것도 많다(이런 경우 직업변화가 많다)
- 애매한 격은 굳이 격에 얽매일 필요가 없으며 억부와 조후를 통해서 판단한다.
- 편격(종격·화격)을 정할 때는 살아온 과거와 지나온 운을 대입해서 판단한다.

☞ 『명리약언(命理約言)』 간월령법(看月令法)

격국(格局)은 먼저 당령(當令)한 월지(月支)에서 취하고 그 다음 득세(得勢)한 것으로 취한다. (…) 월령(月令)의 지장간이 두 개 또는 세 개인 경우도 있으나 그 취용(取用)하는 법은 다음과 같다.

가령 甲이 寅월에 나면 먼저 甲木을 논하고 그 다음으로 丙火, 戊土를 논한다. 혹 寅자가 다치고 깨져 무기(無氣)하면 丙, 戊를 취한다.

또는 寅자가 비록 손상이 없을지라도 丙, 戊 중에 하나가 투간(透干)하여 상(象)을 이루면 이것을 취한다.

그렇지 않고는 甲을 버리고 丙, 戊를 쓸 수 없다. 나머지 열 한개 지지도 모두 그렇다.

(格局先取當令, 次取得勢. (…) 若令支所藏, 或二神, 或三神, 其取用之法. 如甲生寅月, 先論甲木, 次論丙火戊土. 或寅字損壞無氣, 則取丙戊. 或寅字雖無損傷, 而丙戊中有一透干成象者, 則亦取之. 否則無舍甲而用丙戊者. 餘支皆然)

◉ 격을 정하는 기준 정리
① 월지의 지장간 중에서 투출한 천간.
② 월지의 지장간 중에서 여러 기가 투출했다면 본기(本氣)를 최우선.
③ 초기와 중기가 같이 투출했다면 사령한 것이나 세력이 강한 것.
④ 아무 것도 투출하지 않았다면 본기.
⑤ 辰戌丑未월에서는 지장간과 다른 오행이 투출하고 강한 세력(삼합이나 방국)을 이루고 있다면 그 강한 오행의 육신으로 격국을 정할 수 있다.

◉ 진격(眞格)과 가격(假格)
① 월지장간(月支藏干)의 본기(本氣) 투간
② 자오묘유(子午卯酉)월은 그 자체로도 격을 정할 수 있다.
  - 午 중의 중기 己土도 가능
③ 월지장간(月支藏干)의 초기(初氣) 투간(辰戌丑未)
④ 월지장간(月支藏干)의 중기(中氣) 투간(寅申巳亥)
  - 巳 중의 초기 戊土도 가능
⑤ 삼합(三合)이나 방국(方局)이 된 오행 - 세력을 갖춘 오행 … ↑(진격)
⑥ 위에 해당사항이 없다면 월지장간(月支藏干)의 본기(本氣) … ↓(가격)

☞ 격(格)이란 그 사주를 대표하는 가장 힘 있는 육신.
월지장간에서 투간 되거나, 삼합이나 방국을 이루어야 격이 가장 힘 있다.
☞ 월지장간에서 투간 되고 제대로 세력을 형성하고 있는 격은 진격(眞格)
  그 외는 가격(假格): 가격은 대운에 따라 격이 변한다 ⇒ 직업·사회활동의 변화가 생긴다

◉ 격을 깨는 사항들: 파격(破格) 요소
① 충, 특히 월지충, 그러나 합되면 패중유성(敗中有成)
② 혼잡, 편중
③ 일간의 뿌리가 너무 없는 경우
④ 길격(吉格)이 합되는 경우 - 격이 묶여서 활동이 자유롭지 못하게 된다.
⑤ 월지 공망

⑥ 상대 육신이 있는 것.
예를 들면 정재격에 겁재, 정관격에 상관, 인수격에 재성, 식신격에 편인
(정재격—겁재, 정관격—상관, 인수격—재성, 식신격—편인)

> **월지(月支)를 중심으로 사주 전체에서 상대적으로 가장 기운과 세력이 강한 십성(十星)으로 격(格)을 정한다. 나아가 삼합(三合)과 방국(方局)으로 격의 지지(地支) 세력이 잘 짜여 있으면 '격국(格局)'을 형성한다.**

6. 『자평진전』의 격국과 격국용신

"팔자의 격국[용신]은 오로지 월령(月令)에서 구한다. 일간을 월지(月支)에 대조하면 생하고 극하는 현상이 사주마다 다르니 이로써 격국이 나누어진다."
(八字用神, 專求月令. 以日干配月令地支, 而生剋不同, 格局分焉)

"사주를 보는 자는 먼저 격국이 어떤지를 살핀 후에 비로소 순용(順用)할 것인지 아니면 역용(逆用)할 것인지를 가려야 한다. 그런 후에 연월일시의 간지를 배합하여 균형을 이루었는지를 살피면 부귀빈천의 이치가 자연히 드러날 것이다."
(凡看命者, 先觀用神之何屬, 然後或順或逆. 以年月日時逐干逐支, 參配而觀衡之, 則富貴貧賤自有一定之理也)

"월지가 재관인식(財官印食)이면 좋은 격국이니 이를 순용하고, 살상겁인(殺傷劫刃)이면 좋지 않은 격국이니 이를 역용하여야 한다. 순용할 것을 순용하고 역용할 것을 역용하여 배합이 적당하면 모두 귀격이 될 수 있다."
(財官印食, 此用神之善而順用之者也. 殺傷劫刃, 用神之不善而逆用之者也. 當順而順, 當逆而逆, 配合得宜, 皆爲貴格)

"좋은 것[四吉神]을 순용해야 한다는 것은 무엇을 말하는가?
예컨대 <① 정재격・편재격> 재성과 식신이 상생하는 것, 정관이 재성을 보호하는 것, <② 정관격> 재성이 투출하여 정관을 생해주는 것, 인성이 정관을 보호하는 것, <③ 정인격> 인성이 관살의 생조를 좋아하는 경우에 비겁이 있어 재성으로부터 인성을 보호하는 것, <④ 식신격> 신왕한 일간이 식신을 생하는데 식신이 재성을 생하여 식신이 보호되는 것 등이다.

좋지 않은 것[四凶神]을 역용해야 한다는 것은 무엇을 말하는가?
예컨대 <① 칠살격> 칠살을 식신으로 제압하는 것(이 경우에는 재성이 칠살을 도와주는 것을 꺼리며, 인성이 식신을 극하는 것을 꺼린다), <② 상관격> 왕성한 상관을 인수가 제압하는 것, 상관이 재를 생하여 상관의 기가 재성으로 화하는 것, <③ 양인격> 양인을 관살이 제압하는 것(이때는 관살이 좋은 작용한다), <④ 월겁격> 월겁(月劫, 월지가 겁재)인데 정관이 투출하여 겁재를 제압하는 것, 재성을 쓸 때 식신이 투출하여 겁재의 기운을 빼내어 재성을 생해주는 것 등이다. 이상은 순용과 역용의 대략을 말한 것이다. 칠살을 쓰고 싶으면 신살양정(身殺兩停, 일간과 칠살이 균형)이 되면서 식신이 칠살을 견제해야 좋다."

* 『자평진전』에 나오는 용신(用神)이란 단어는 현대적 의미의 '격국'이며, 상신(相神)은 '격국용신', 희신(喜神)은 '억부용신'을 의미한다.

그리고 기신(忌神)은 4흉신(殺傷梟刃)을 생하거나 4길신(財官印食)을 극하는 것, 격국이나 용신을 합충(合沖)하여 해치는 것을 말한다. 구신(仇神)은 용신을 파극하는 것이며, 구신(求神)은 기신(忌神)을 극제하는 것이다.

『자평진전』의 용어

자평진전	현대적 의미
용신(用神)	격국(格局)
상신(相神)	격국용신
희신(喜神)	억부용신

격국용신은~
4길신(財官印食)격은 생조(生助)하는 것(순용)
4흉신(殺傷梟刃)격은 극제(剋制)하는 것(역용)

◉ 사길신(四吉神)과 사흉신(四凶神)

　　　　正 正 正
사길신: **財 官 印 食** ⇒ 생조(生助)해야 한다
　　　　　　　神

　　　　七　　　陽
사흉신: **殺 傷 梟 刃** ⇒ 제화(制化)가 되어야 한다(制=剋制, 化=合洩)
　　　　　官　神
　　　　　↓　↓
　　　　　偏　偏
　　　　　官　印

☞ 財는 편재(偏財)도 포함, 양인(陽刃)은 양간(陽干)의 왕지(旺支: 子午卯酉)

7. 격국용신의 취용

재관인식(財官印食, 재성·정관·정인·식신)이면 길한 격국이니 이를 **순용(順用=生助)**하고,

살상효인(殺傷梟刃, 칠살[편관], 상관, 효신[도식·편인], 양인[건록·월겁 포함])면 흉한 격국이니 이를 **역용(逆用=剋制)**해야 한다.

사주를 보는 자는 먼저 격국이 어떤지를 살핀 후에 비로소 순용할 것인지 아니면 역용할 것인지를 가려야 한다.

그런 후에 연월일시의 간지를 배합하여 균형을 이루었는지를 살피면 부귀빈천의 이치가 자연히 드러날 것이다.

<길한 격(四吉格)을 순용해야 한다는 것은 무엇을 말하는가?>

① **정재격·편재격**: 식상과 재성이 상생하는 것(재성이 약할 경우), 관성이 재성을 비겁으로부터 보호하는 것, 일간도 왕하고 재도 왕할 경우(신왕재왕) 재를 설기시키는 용도로서 관성.

※ 일간이 약하면 편관은 재생살(財生殺)이 될 수 있다.(과로사, 먹고살만하니 죽는다)

☞ 격국용신: **식신·상관, 관성**

② **정관격**: 재성이 투출하여 정관을 생해주는 것, 인성이 정관을 상관으로부터 보호하는 것.

☞ 격국용신: **재성**(일간이 강하면), **인성**(일간이 약하거나, 상관이 있으면)

③ **정인격**: 정인은 관성이 생해줌을 좋아한다, 비견이 있어 재성으로부터 정인을 보호하는 것.

※ 다른 격과 달리 일간이 왕한 것보다 약한 것이 좋다.

☞ 격국용신: **관성**, 비견

④ **식신격**: 식신은 재성을 생하고, 재성은 식신을 편인(인성)으로부터 보호하고, 정관은 겁재로부터 재성을 보호하는 것.
☞ 격국용신: **재성, 정관**

<흉한 것(四凶神)을 역용해야 한다는 것은 무엇을 말하는가?>

① **칠살격**
  ㉠ 식신으로 칠살을 제압하는 것(**식신제살**): 일간이 강해야 한다.
    그러나 재성(특히 편재⇨최대 기신)이 칠살을 도와주는 것을 꺼린다(재생살)

  ㉡ 인성으로 칠살을 교화하는 것(**살인상생**): 일간이 약하면 통관용신 역할도 한다

  ㉢ 합살(合殺): 양일간은 겁재(**양인합살**)로, 음일간은 상관(**상관합살**)으로 칠살을 합살한다(머리 영리, 순간 재치, 기회포착 잘한다)
    Ex) 丙 壬-丁 / 丁 癸-戊
☞ 격국용신: **식신**(일간이 강하면), **인성**(일간이 약하면),
        合化: 양일간은 **겁재**(양인합살), 음일간은 **상관**(상관합살)

丙 己 丙 戊 <건명> 『자평진전평주』 예시 명조
寅 卯 辰 寅

甲 癸 壬 辛 庚 己 戊 丁
子 亥 戌 酉 申 未 午 巳

木방국을 이루어 관살이 왕하다, 丙火인수가 투간한 것이 기쁘다(살인상생), 土비겁운에 고생이 많았다(조열하므로), 金식상운에 木관살을 제압하니(식신제살) 큰 재물을 모았다, 水재성운(⇨기신)에 火인성을 파하고 木관살을 도우니 패망했다(財生殺)

② 상관격
   ㉠ 왕성한 상관을 인수가 제압하는 것(**상관패인**)
   ㉡ 상관이 재를 생하여 상관의 기가 재성으로 화하는 것(**상관생재**)
   ㉢ 합화(合化): 양일간은 **편인**으로, 음일간은 **편관**으로 상관을 합화한다
      Ex) 丙 己-甲 / 丁 戊-癸
☞ 격국용신: **인성, 재성**
        合化: 양일간은 **편인**(편인합상), 음일간은 **편관**(편관합상)

③ **편인격**: 재성으로 편인을 제압하는 것.
☞ 격국용신: **재성**

④ **양인격**: 관살로 양인을 제압하는 것, 양(陽)일간으로 월령이 왕지(旺支)
        식상이 투출하여 양인의 기운을 빼내어 재성을 생해주는 것.
⑤ **음인격**: 양인격과 동일, 월겁격(月劫格), 음(陰)일간으로 월령이 겁재(劫財)
⑥ **건록격**: 양인격·월겁격과 동일, 월령이 녹지(祿支)
⑦ **비견격·겁재격**: 건록격과 동일
☞ 격국용신: **관성, 식상(재성)**

<격국용신 정리>

정(편)재격: ① 食傷(재가 약한 경우) ② 官星(비겁으로부터 재를 보호, 신왕재왕 경우 재를 설기)~일간이 약하면 편관은 財生殺 우려
정관격: ① 財星(일간이 강하면) ② 印星(일간이 약하거나 상관이 있으면)
정인격: ① 官星 ② 比肩(재성으로부터 정인 보호)
식신격: ① 財星(편인으로부터 식신 보호) ② 官星(비겁으로부터 재를 보호)
칠살격: ① 食神(식신제살) ② 印星(살인상생), 편재가 있으면 財生殺 우려
상관격: ① 印星(상관패인) ② 財星(상관생재)
편인격: ① 財星
비견(겁재·양인·음인.건록)격: ① 官星 ② 食傷(재성)

ㄱ은 나무가 바탕을 이룬 것이요, ㅋ은 나무가 번성하게 자란 것이요, ㄲ은 나무가 나이 들어 굳세게 된 것이므로 여기까지 모두 (오행상 木인) 어금니에서 본뜬 것이다. ―『훈민정음해례』제자해

제10장. 격국의 종류

1. 식신격
2. 상관격
3. 정재격
4. 편재격
5. 정관격
6. 편관격(칠살격)
7. 정인격
8. 편인격(도식격)
9. 건록격(비견격), 양인격·음인격(겁재격)
10. 종격(從格)
11. 화격(化格)

제10장. 격국의 종류

1. 식신격

(1) 식신의 특성

- 식신(食神)은 일간이 생해주는 오행 가운데 음양이 같은 것.
- 먹을 것을 제공해주는 근원, 자기 먹을 복을 의미.
- 재물이 생겨나는 근원, 재테크 능력을 의미.
- 순수하게 남에게 베푸는 마음, 낙천적이며 너그러운 성격, 풍족한 의식주, 문학적소질, 예술적 감각, 창의성, 연구개발, 문창성(文昌星), 생산(생식)욕구, 순수한 표현력, 상대방을 인정하는 표현.
- 여자는 생식기능이나 자궁과 젖가슴을 의미.
- 칠살로부터 일간을 보호하므로 수명신(壽命神)·장수신(長壽神)·복덕신(福德神)으로 불린다. 그러므로 식신이 유기(有氣)하면 재관(財官)보다 낫다(食神有氣勝財官-『연해자평』).
- 식신이 있으면 ① 財가 있어야 한다.(生財, 편인으로부터 倒食방지)
  　　　　　　　② 日干이 뿌리가 있어야 한다.
- 식신의 육친
  男: 할머니(편하다), 장모(사위 사랑은 장모), 손자(자식은 별로라도 손자는 그저 좋다), 사위(아들과 달리 편하게 술 한잔하는 사이)
  女: 아들·딸(여자의 무기)

(2) 식신의 역할

식신은 재성을 생하고 일간과 비겁을 설기하며 칠살을 다스려서 유용하게 탈바꿈시키는 길신(吉神)이다. 식신은 比食財 삼기(三氣)가 있는 것이 가장 좋다. 일간이 강한(뿌리가 튼튼한) 사주에 왕한 식신이 재를 생하면 대부귀(大富貴)격이다. 그러나 오로지 식신만 사용하는 경우라면(식신만 홀로 투간하면) 식신이 유기(有氣, 식신의 뿌리가 튼튼)하여야 한다. 그렇다 하더라도 부귀(富貴)격은 아니다. 재운(財運)으로 간다면 부자가 되지만 무재운(無財運)으로 간다면 가난하다(至若單用食神, 作食神有氣, 有財運則富, 無財運則貧).

― 『자평진전』 논식신(論食神)

① 재성(財星)을 생(生)한다: 식신생재(食神生財)
財는 돈·건강·활동공간이다.
정재(正財)는 고정된 월급성분의 돈이고, 편재(偏財)는 투자성의 사업성분의 돈이다.
정재(正財)는 정해진 좁은 공간, 고정된 공간이고, 편재(偏財)는 정해지지 않은 넓은 공간, 세계적인 무대, 역마(驛馬)성분의 이동하는 공간이다.
식신생정재: 합리적으로, 안정적으로, 투기하지 않고, 노력한 만큼만 벌려고 한다. 월급쟁이. 제한된 고정장소에서 하는 자영업(Ex. 약국경영)
식신생편재: 적극적으로, 사업수완으로, 위험을 무릅쓰고, 보다 큰돈을 벌려고 한다. 사업가. 세계무대를 넘나드는 무역업(Ex. 약품무역·유통)
☞ 식신이 편재를 생하는 경우 사주그릇이 더 커진다.

② 일간(日干)과 비겁(比劫)을 설기(泄氣)한다
일간이 순수하게 표현하는 것이다.
일간이 뿌리가 있고 튼튼해서 힘이 있으면 식신의 표현력, 욕구능력, 활동력이 좋다.
일간이 뿌리가 없고 약하면 식신은 오히려 일간을 도기(盜氣)한다. 식신의 좋은 점은 사라지고 일간의 통제를 받지 않으며 생각 없이 일을 벌이는 성향이 나타난다.
그러므로 식신을 잘 활용하려면 일간이 통근(通根)해서 먼저 튼튼해야 한다.

③ 칠살(七殺)을 극제(剋制)한다: 식신제살(食神制殺)
일간을 공격하는 칠살을 극제하여 나의 생명을 지켜주므로 식신을 수명신·장수신이라 한다. 식신제살이 되면 칠살이 만든 환경이나 조건에 대항하여 힘든 고난과 질병, 위기 등을 적극적으로 극복할 수 있다.

☞ 식신제살(食神制殺)은 (생각지도 못하게) 어려운 국면타개, 위기탈출, 전화위복(轉禍爲福), 질병 치유를 의미한다.

그러나 식신제살하고 있는데 재운(財運, 특히 편재운)이 오면 돈(뇌물), 여자(부적절한 이성관계), 부하(종업원), 과도한 사업 확장으로 인해 명예손상이나 관재구설이 생기거나 건강이 나빠진다.

식신제살하고 있는데 또 식신이나 상관운이 와서 제살(制殺)하는 것이 지나쳐도 관재구설이 생기며, 사업(식상)을 하려고 직장(관성)을 그만둔다(직장사직).

(3) 식신격의 성격과 파격

① 성격(成格) 요건
- 일간이 통근하고 食神이 강한데 財星이 있는 것 ⇒ 식신생재(食神生財)
- 일간이 통근하고 七殺이 강한데 食神도 강하고 財星은 없는 것 ⇒ 식신제살(食神制殺)
- 일간의 뿌리가 약하고 食神이 태과한데 印星이 있는 것 ⇒ 식신패인(食神佩印)

② 파격(破格)요건
- 食神이 약한데 財星이 태과한 것 ⇒ 식신도기(食神盜氣)
- 일간의 뿌리가 약하고 식신제살하는데 財星이 있는 것 ⇒ 재생살(財生殺)
- 七殺이 강한데 食神이 뿌리가 없고 약한 것.
- 일간이 신왕한데 食神이 약하고 印星(특히 편인)이 있는 것 ⇒ 도식(倒食)

(4) 식신격의 구성

- 식신격은 일간의 뿌리가 튼튼해야 한다.
  녹지나 왕지, 최소한 생지에 통근해야 하며, 억부의 신왕(身旺)과는 다르다.
- 식신격은 재성(財星)이 용신이다. 겁재로부터 재성을 보호하는 관성(官星)은

구신(求神)이다.
- 도식(倒食)작용을 하는 인성(印星), 재성을 파극하는 겁재(劫財)는 기신이다.
- 가장 큰 기신은 편인(偏印)이다.
- 그러므로 年月상에 편인과 겁재가 있으면 하격(下格)이며, 조상의 돌봄이나 윗사람의 후원이 없는 사람이다.
- 식신격의 상격(上格)은 일간과 식신이 튼튼하고 재성 용신도 튼튼한 것이다.
- 식신이 삼합되어 재국(財局)을 이루면 최상격으로 큰 재물을 번다(정주영 회장)
- 식신격은 파격만 아니면 복록과 수명을 겸비한다.
- 식신격은 상관이 혼잡되는 것을 꺼린다.
  식신의 순수한 성분이 사라지고 이기적, 이해 타산적으로 사람이 바뀐다.
- 재성이 지나치게 강하면 식신을 도기하므로 즉흥적으로 분수에 넘치는 일을 벌인다.
- 식신격은 合刑沖운에 많은 변화를 한다.
- 식신격이 성격되고 年月에 용신이 있으면 부모유산이나 사업을 물려받고 윗사람의 후원이 있다.
- 식신격에 年月에 기신이 있으면 가문이 좋지 않거나, 부모조상에게서 물려받은 것을 지키지 못하고 망해버릴 가능성이 높다.
- 식신격이 성격되고 日時에 용신이 있으면 처나 자식이 자신보다 더 성공하고 발전할 수 있다.

丁(丙) 庚 丁 乙   <정주영 현대그룹 창업주> 1915년생
丑(戌) 申 亥 卯

76 66 56 46 36 26 16 6
己 庚 辛 壬 癸 甲 乙 丙
卯 辰 巳 午 未 申 酉 戌

亥卯재성 반합, 火의 조후가 좋다, 그러나 시지의 관성과 관살혼잡 우려(자식운?)도 있다.

庚 癸 乙 癸　<건명> 1943년생
申 未 卯 未

77 67 57 47 37 27 17 7
丁 戊 己 庚 辛 壬 癸 甲
未 申 酉 戌 亥 子 丑 寅

無재성, 관성이 식신화
대구시 말단 공무원 퇴직, 며느리와 간통, 처에게 폭력행사, 2008년(戊子) 사기죄로 구속, 2009년(己丑) 출소

(5) 식신격의 오행상 분류

① 金水식신격: 식신격 중에서 제일 낫다.
* 장점: 총명, 지혜, 다재다능, 화술, 재치, 깔끔, 인물좋음, 금백수청(金白水淸)
* 단점: 까다롭다, 날카롭다, 쌀쌀맞다, 냉정·냉혹하다, 자존심·자만심이 너무 강하다.
* 조후가 안 되면 주색잡기나 방탕한 생활을 하거나 모난 성격이 된다, 그러므로 亥子丑월에는 반드시 火의 동태를 살펴봐야 한다. 관성 火가 있으면 관(명예)을 좋아해서 정치적 성향을 띠며 조직의 리더로서 역할 한다.

② 木火식신격
* 장점: 생명력(木)이 꽃(火)을 피운다, 창작성, 문장력, 예술성, 화끈하다, 열성적, 두뇌 총명, 박학다식, 인기가 많다, 목화통명(木火通明)
* 단점: 자제력·절제력이 약하다, 앞에 나서기를 좋아한다, 비밀을 못 지킨다, 화려한 것을 좋아한다, 사치스럽다, 스타 기질이 있다.

③ 水木식신격
자신의 재주·재능·지식·지혜를 펼치고 활용하는 능력이 뛰어나다, 머리가 총명하다, 깔끔하고 시원시원하다, 임기응변력이 뛰어나다.

④ 土金식신
솔직 담백하다, 당당하다, 재물을 만드는데 탁월한 능력있다, 알부자, 사업가 기질, 배짱 있다, 남을 의지하지 않는다, 자수성가형
⑤ 火土식신
장점보다 단점이 많으며 장애나 구설이 많이 따른다.

(6) 식신격의 직업

- 식신격은 머리가 총명하고 문예 창작성이 있으므로 두뇌를 써서 창의적으로 일하는 지식산업, 즉 문학·교육·예술·방송·언론 등에 소질이 있다.
- 식신격은 예능계통, 의식주 관련업에 소질이 있다.
- 식신격은 인간미가 있고 재물을 만드는 재주가 있으므로 사업가·경영자 소질이 있다.
- 생산 제조업이나 판매업에도 소질이 있다.
- 식신격에 정재를 보면 금융회사나 기업체의 경리부서에 인연이 많다. 자신의 기술과 재능을 발휘하는 자영업이나 직장생활이 좋다.
- 식신격에 편재를 보면 넓은 공간에서 보다 활동적으로 일하는 무역업이나 운수 교통업에 인연이 많다.
- 식신격에 재성이 있으면 음식솜씨가 뛰어나고 음식장사나 식품사업에 인연이 많다.
- 식신격에 인성이 잘 짜여 있으면 학문이나 교육, 사회복지 분야에 인연이 많다.
- 식신격에 식상을 쓰면 순발력이 뛰어나고 아이디어가 기발하므로 광고, 신제품 개발, 발명분야에서 재능을 발휘한다.
- 식신격에 관성을 쓰면 감사나 통제관련 직장생활, 연구기관에 인연이 많다. 역학이나 종교 등 특수한 분야에도 인연이 있다.
- 특히 식신제살격인 경우는 생살필설(生殺筆舌)의 직업에 인연이 많다.
  (의사, 약사, 간호사, 군경검, 법관, 소방관, 언론기자, PD, 살업(殺業), 반체제 운동가, 환경운동가, 시민단체 활동가, NGO)

丁 庚 壬 辛 <건명> 1931년생
丑 申 辰 未

80 70 60 50 40 30 20 10
甲 乙 丙 丁 戊 己 庚 辛
申 酉 戌 亥 子 丑 寅 卯

己丑대운부터 자전거포, 철공소를 하며 탁월한 기술과 아이디어로 戊子대운부터 알부자 소리도 들었으나 빚보증과 사기로 손재(損財)가 많았다. 丁亥대운 56세 丙寅(1986)년에 뺑소니 교통사고로 사망(56세)

壬 甲 丙 己 <건명>『적천수천미』성정(性情) 예시 명조
申 寅 寅 亥

庚 辛 壬 癸 甲 乙
申 酉 戌 亥 子 丑

甲木이 寅月에 생하여 丙火가 투출하니 목화통명(木火通明)의 상(象)이다. 한 번 책을 읽으면 모두 외워버리는 재주가 있다. 그런데 편인 壬水가 투출하여 식신 丙火를 극하고 있으니 애석하다. 게다가 己土재성이 뿌리가 없어서 水인성을 극하는 역량이 부족하니 더욱 안타깝다. 대운마저 북방 水運으로 흐르니 공명이 따르기 어려울 뿐만 아니라 온갖 고통이 따랐다. 辛酉대운으로 바뀌면서 水를 돕고 丙火를 합거하는 바람에 죽었다.

丁 癸 丁 己 <건명> 1959년생
巳 卯 卯 亥

제10장. 격국의 종류

75	65	55	45	35	25	15	5
己	庚	辛	壬	癸	甲	乙	丙
未	申	酉	戌	亥	子	丑	寅

국내 굴지의 한일(韓日) 합작 가스보일러·가스주방기구 제조업체 임원 역임, 수도권 공대(工大) 기계공학과 졸업 후 꾸준하게 외길.

장인 정신과 연구력 뛰어남, 승승장구하여 壬戌대운 초에 임원(공장장)으로 승진, 지금은 경쟁회사 사장으로 재직.

2. 상관격

(1) 상관의 특성

상관(傷官)은 일간이 생해주는 오행가운데 음양이 다른 것.
정관(正官)을 상하게 한다는 의미.
정관은 남자에게는 자식·직장·명예, 여자에게는 남편·직장·명예

※ 상관의 용도 ① 상관生財 ② 상관制殺 ③ 일간泄氣

◉ 제화되지 않은 상관
- 상관(손오공) & 인성(삼장법사)
- 평생 관재구설이 따른다.
- 아는 것은 많아도 제대로 하는 것은 하나도 없다.
- 끈기 없고 변화무쌍, 초지일관하지 못하여 직업변화가 많다.
- 허세를 부려 큰일을 벌리기 쉽다. 일확천금을 노린다.
- 특히 밀수 같은 불법적인 일, 타인을 이용하는 일 등을 한다.
- 상황이 달라지면 배신하고 안면을 바꾼다.

(2) 상관격의 특성

- 상관격이 성격되어 중화를 이루면 순발력, 기회포착, 아이디어, 감각적, 다재다능하다.
- 식신격이 깊이 한 분야에 몰두하는 스타일이라면, 상관격은 깊이는 얕아도 다방면으로 두루 두루 재주와 능력을 발휘하는 스타일이다.
- 상관은 천변만화(千變萬化), 호기심, 파격적, 개성 넘치고 끼, 입에서 모든 게 나온다.
- 기존의 것을 모방·응용·개혁·변화시키는 능력이 탁월하다.
- 언변과 화술이 뛰어나다. 구변(口辯)·독설(毒舌)
- 비판적·반항적이고 반골(反骨)기질을 갖고 있다.

- 남한테 지기 싫어하는 마음이 강하다.
- 한번 마음에 안 들면 그때부터는 계속 무시를 해버린다. 그러나 한번 자신의 마음에 들면 헌신적인 태도를 보인다(가장 대표적 특성).

◉ 상관격의 성격(成格) 요건
- 印星(상관패인)과 財星(상관생재)이 있는지 먼저 살핀다.
- 일간의 뿌리가 튼튼해야 한다. 뿌리가 없을 경우 허황되거나 허풍이 심하다.
- 인성과 재성이 튼튼하면 재주가 좋고 상상력, 예술성이 발휘되며 매사에 자신감이 있다.

◉ 상관격을 살필 때 주의할 점
1. 인성으로 제화가 되었는지 살핀다.(상관의 브레이크 역할)
2. 재성이 있는지 살핀다.(상관을 잘 이끌어주고 결실을 맺게 하는 역할)
3. 正官과의 마찰 여부를 살핀다(傷官見官).
4. 일간이 통근되었는지 살핀다.

(3) 상관격 관련 용어

① 진상관(眞傷官)·가상관(假傷官)
상관이 월지에 득령하여 왕하게 되면 관성을 극하는 힘이 강하여 진상관. 상관이 월지를 얻지 못하여 힘이 약하면 관성을 극하는 힘이 약하여 가상관이 된다. 진상관이라도 인성이나 재성이 많아서 상관의 힘이 약해지면 가상관이 된다.

② 상관패인(傷官佩印)·상관상진(傷官傷盡)
진상관을 인성이 적절히 제화하면 상관패인, 그러나 이렇게 해서 상관의 기운을 너무 소진시켜 버리면 상관상진이 된다.
일간이 약하고 상관이 왕한데 인성으로 상관을 극제하고 일간을 돕는 것이 상관패인이고, 이때 인성이 상관을 극제함이 지나치면 상관상진이다.

③ 파료상관(破了傷官)

일간이 건왕하여 상관으로 격을 이루었거나 상관을 용신으로 쓰는데 인성운이 와서 상관을 파극하면 파료상관이라고 하여 생명까지도 위험한 경우가 있다.
일간이 건왕해서 상관으로 겨우 설기하는데 인성이 상관을 파극하여 상관 설기구를 막아 버리는 것이 파료상관이다.

"진상관(眞傷官)에 상진위귀(傷盡爲貴)인데 정인운(正印運)이면 복록자왕(福祿自旺)-상관패인
 가상관(假傷官)에 상진위병(傷盡爲病)인데 정인운(正印運)이면 신명심위(身命甚危)-파료상관"
* 진상관: 상관격 / 가상관: 상관 용신

丁 丁 乙 戊 <건명> 『사주첩경』 권6 파료상관 예시
未 巳 卯 子

癸 壬 辛 庚 己 戊 丁 丙
亥 戌 酉 申 未 午 巳 辰

木火가 매우 왕하다. 고로 극제하는 官을 요하거나 설기하는 傷官을 요하게 된다. 그런데 官되는 子水와 傷官되는 戊土를 놓고 생각할 때 우선 官되는 子水를 바라는 것은 인지상정이나 子水는 生 卯木하여 日主의 인수를 돌보아 주니 不用하고 傷官으로 용신을 결정한다. 柱中 상관·식신 중에서 어느 것으로 용신하느냐는 것은 秀氣를 원칙으로 하기 때문에 年上의 戊土 상관으로 결정하고 보니 신왕한데 설기가 약하여 假傷官이 되었고 戊土를 극제하는 乙卯木이 용신의 병(傷官傷盡)이 되니 '有病이면 方爲貴'에 해당하여 除去病하는 庚申, 辛酉運에 재상 지위에 올랐다. 그러나 亥運에 들어가면서 亥卯未 木局으로 병이 중하여(印綬局) 傷官 戊土를 극하니 이것이 바로 "假傷官이 行印綬運하니 必死라" 또는 "破了傷官에 損壽元이라"에 해당하여 황천객이 되고 말았다. 여기에서 주의할 점은 亥運이면 丁일주의 官運으로 보기 쉬우나 柱中 乙·卯未와 亥卯未로 木局을 결성하니 인수가 된다. 따라서 原命과 大運과의 합형충파해의 관계를 잘 살펴봐야 한다.

④ 상관견관(傷官見官)

상관격이 정관을 보는데 재성이 없을 때이다. 그러나 겨울철의 금수(金水) 상관격은 관성(官星)의 역할을 하는 화기(火氣)를 매우 반긴다.

사주원국에 관성이 없더라도 관성운이 오면 상관견관(傷官見官)이 되어 여러 가지 현상이 일어난다. 인성이 있어 제화가 되어 있다면 관성을 보호할 수 있으나, 인성이 미약하거나 없는 경우에는 정관을 파극하게 된다. 제화가 안 된 상관이 관성을 볼 경우 관재구설이 생긴다. 직장인은 퇴직, 사직, 해임, 해고, 각종 송사(訟事), 불법, 형액(刑厄), 자식 고민을 당하고, 여자인 경우 남자를 밀어내는 모습이 되어 이별, 사별, 관재수가 생긴다.

(4) 상관격의 직업

- 편인으로 제화하면 기발한 아이디어·재주·기술을 활용, 임기응변·순발력·언변 뛰어나다.
- 언변으로 중간역할에 소질, 혁신적
- 편인에 의해 상관이 파극되거나 재성이 없으면 일만 벌려놓고 마무리가 없다. 시작만 했지 실천도 없다.
- 상관이 生財하면 사업가·기술직, 印星을 쓰면 교육·언론·출판·~士, 둘 다 없으면 예술·예능
- 식신이 재를 생하는 것은 명예(官)를 목적으로 하는 것이지만, 상관이 재를 생하는 것은 오로지 돈(財)을 목적으로 하는 것이다. 재테크에 관심 많고 재테크 능력 뛰어나다.

(5) 상관격 예문

己 庚 甲 戊   <건명> 1958년생
卯 午 子 戌

76 66 56 46 36 26 16 6
壬 辛 庚 己 戊 丁 丙 乙
申 未 午 巳 辰 卯 寅 丑

子午충으로 상관견관(傷官見官), 子戌이 격각(隔脚), 子戌 사이에 亥水 식신이 공협(拱挾), 子戌암합(戊癸), 戌亥공망, 卯午파(破).
戊戌土 편인은 상관패인(傷官佩印), 甲木 편재는 상관생재(傷官生財).
일지 午火, 戌 중 丁火는 조후용신.
고등학교 졸업 후 가스회사에서 직장 생활.
丁卯대운 34세 辛未(1991) 辛丑생과 결혼.
戊辰대운 36세 癸酉(1993) 상관이 투간(透干)하는 세운에 사직 후 가스사업 시작.

戊 庚 甲 戊   <건명> 1958년생
寅 午 子 戌

앞 사주보다 1시(時)가 빠르다.
외과 전공 의사, 대학병원 근무 후 개업.
寅午반합으로 상관견관이 완화되고 상관패인이 뚜렷해져 패중유성(敗中有成).

甲 丙 己 癸   <곤명> 1953년생
午 戌 未 巳

72 62 52 42 32 22 12 2
丁 丙 乙 甲 癸 壬 辛 庚
卯 寅 丑 子 亥 戌 酉 申

교육자 집안에 태어나 어려움 없이 성장, 음악대학 졸업하고 직장 생활, 癸亥대운에 사직하고 피아노학원 운영. 생식기능이 약하고 성욕도 없다, 결혼 생각이 없으며 독신생활, 원국에서 癸水 정관이 무근(無根)으로 매우 허약하다.

壬 戊 辛 戊   <곤명> 1958년생
子 午 酉 戌

80 70 60 50 40 30 20 10
癸 甲 乙 丙 丁 戊 己 庚
丑 寅 卯 辰 巳 午 未 申

土金 진(眞)상관격, 酉戌방국으로 상관 격국(格局).
木 관성이 전혀 없다, 子午충으로 재(財)가 인성(印星)을 파극.
고등학교만 졸업하고 24세 辛酉(1981) 결혼, 남편이 왕비처럼 극진히 모시며 살았다. 자식은 1남 2녀.
丁巳대운 44세 辛巳(2001) 남편이 위암으로 사망, 막내딸은 백혈병으로 사망.
활발하고 명랑한 성격, 얼굴이 예쁘고 아담한 체형, 머리가 총명, 말도 야무지게(똑 부러지게) 잘하고 운동도 잘한다, 동창회나 모임에서 인기가 많다.
사귀는 남자가 있으나 자식들 생각에 재혼은 생각하지 않는다.
남편이 남겨준 서울 아파트(35평)를 월세로 받고 자신은 작은 집 전세로 산다. 직업은 없고 친정의 도움도 받으며 골프를 열심히 치러 다닌다.

己 己 乙 戊   <남편> 1958년생
巳 丑 丑 戌

79 69 59 49 39 29 19 9
癸 壬 辛 庚 己 戊 丁 丙
酉 申 未 午 巳 辰 卯 寅

土 비겁이 태과. 木 관성은 허약. 丑 중 癸水 외는 재성(財星)이 없고 대운도 木火로 흐르므로 재성이 매우 약하다.
己巳대운 44세 辛巳(2001) 위암으로 사망.

<보충 자료>

◉ 식상혼잡(食傷混雜)
식신(食神)은 자신의 생각·지식·재능을 순수하게 표현하는 것이다.
그러나 상관(傷官)과 혼잡되면 생각과 재능이 분산되고 표현도 앞뒤가 없어진다.
상관격에 식신이 있을 때보다 식신격에 상관이 있을 때 이런 경향이 더 심하게 나타난다. 말로 인한 구설시비가 많이 생긴다.
- 식신: 스스로 궁리(창조)   순수   생산
- 상관: 남의 것을 활용(응용) 이해타산 개혁

◉ 식상(食傷)의 위치
- 식상이 천간(天干)에 있으면 겉으로 드러나는 표현력·언변(言辯)·춤·노래·행동
  지지(地支)에 있으면 감춰진 것으로 숨겨진 재능, 자신만의 아이디어

- 식상이
  시주(時柱)에 있으면 물이 아래로 흐르듯 부담 없이, 거리낌 없이 술술 더 잘 표현되어 나온다.
  연주(年柱)에 있으면 파격적인 언행이 나온다. 어른 자리에 어린아이가 있으므로 버르장머리가 없는 격이다.

◉ 식상운에 일어나는 일
사주 원국에서 식상이 무슨 역할(生財·我泄·制殺)을 하는지 먼저 판단해야 한다.
- 재테크·투자하려는 생각이 든다.
- 이성(異性) 쪽으로 마음이 향한다(바람난다).
- 식상에 해당하는 육친(가족)이 생긴다(남: 장모·사위, 여: 자식).

3. 정재격

(1) 정재의 특성과 역할

근면·성실·노력, 최선을 다하자, 노력의 대가만을 바란다, 공짜를 바라지 않는다, 세상에 공짜는 없다, 안정성 추구, 모험·변화를 싫어한다, 세밀·정밀·치밀, 빈틈없다, 현실적·실용적·보수적·고정적, 원리원칙, 고지식, 융통성 부족, 소유욕(내 것이 우선), 집착이 강하다, 근검절약, 검소·인색.

① 관살(官殺)을 생(生)한다
- 법(法)대로 살자, 바르게 살자, 법 없이도 살 수 있다, 명예와 명분을 중시, 원리원칙 추구, 융통성이 부족, 매사 치밀하고 정확, 정도(正道) 추구 ⇨ 옆에 있는 사람은 재미가 없다.
- 관료적, 보수적, 안정적, 정해진 틀에서 안 바꿈, 변화 없음.
- 공사(公私)가 분명, 책임을 완수, 임무 수행능력이 뛰어남, 책임감, 꾸준하고 근면성실, 일에 몰두하여 과로를 하거나 가정을 등한시 하는 공직자나 직장인 ⇨ 일 중독증(워커홀릭)
- 일간의 뿌리가 약한데 관살이 혼잡·태과하거나 편관이 있으면 재생살(財生殺)이 된다.
· 재다신약 사주에 편관이 있으면 재생살이 되어·먹고 살만하면 죽는다.
· 인성이나 식상으로 관살이 제화되어야 한다(살인상생, 식상제살).
· 재생살이 되면 재물·일·명예 욕심을 버려야 한다.
· 재산·직장 등 생활이 안정될만하면 갑작스런 사건사고, 질병, 관재구설이 생긴다.
"먹고 살만하니까 죽는다, 출근 후 일을 하다가 사무실에서 쓰러진다, 고생 끝에 높은 자리 올라갔더니 건강이 나빠져서 그만두거나 과로사 한다."

② 식상(食傷)을 설기(泄氣)한다
- 식상(食傷)의 재능을 결과로 만들어낸다, 재물이나 결과에 집착, 욕심이나 욕구가 생긴다. 자신의 재능을 표출하여 재물이나 일거리·자리를 만든다.
- 식신(食神)이 정재를 생하면 성실·근면·치밀하다. 투기·모험을 하지 않

고 합리적·순리적·안정적으로 노력한 만큼만 벌려고 한다.
- 상관(傷官)이 정재를 생하면 편법적, 계산적, 강한 소유욕, 재물욕심이 많으며, 수단방법을 가리지 않고 내 것만을 챙기려 한다, 남이야 어떻게 되든 개의치 않는다.

③ 인성(印星)을 극제(剋制)한다
- 인성: 정신·학문·지식·계획·생각·이상부모·선생
- 재성: 물질·육체·현실·실천·결과·행동·아랫사람
- 재인불애(財印不碍): 재성과 인성이 서로 잘 어울리는 모습, 재성과 인성이 관성의 도움으로 갈등 없이 잘 조화가 되면 갖고 있는 지식을 잘 실천, 학문을 펼칠 수 있는 자리와 지위를 확보한다.
• 인성이 많으면 관성이 도기(盜氣)를 당하게 되는데 이럴 경우 정재가 인성을 제화하면 자신의 실력·지식·자격증을 이용해 취직을 하거나 자리·공간을 확보한다.
• 인성이 많으면 실천은 없고 계획·생각만 많아지는데 이럴 경우 재성운이 오면 현실성이 살아나서 계획을 몸소 실천하게 된다.
• 공부만하고 쓸데없는 생각만 하던 사람이 재성운에 직장을 구하여 결혼하고 책임감이 생기는 것이다.
☞ 재야선비: 인성(印星)이 많은데 官이 없고 財가 약한 경우(아는 것과 배운 것은 많은 데 써먹을 자리가 없고 실질적인 결과를 내지 못한다.)

☞ 탐재괴인(貪財壞印): 재성과 인성이 서로 갈등하는 구조, 신앙 갈등, 공부 중단, 가치관 혼란, 현실과 재물에 집착, 탈선, 가출, 부모와의 마찰, 욕망과 이성간의 갈등 문제가 생긴다.
돈이나 여자 때문에 공부나 신앙생활, 미래의 계획을 포기, 뇌물 수수 또는 스캔들

(2) 정재격의 요건과 특징

① 성격의 요건

- 정재가 월지에 있거나 월지에서 투간한 후,
- 일간의 뿌리가 있고,
- 재성이 旺해서 관성을 生하거나
- 재성이 弱해서 식상이 재를 生한다.
* 지지의 뿌리로서 비견은 좋지만, 겁재는 도움을 주면서 내 것을 뺏어가므로 관성이 같이 있어야 한다.

② 파격의 요건: 정재가 공망·합·형·충, 일간의 뿌리가 없다,
　　　　　　　재다신약(財多身弱), 군겁쟁재(群劫爭財)
* 군겁쟁재가 되면 매사에 손재수가 발생하므로 재다신약보다 더 못하다.
* 사주원국에서 파격이 되었더라도 대운(大運)에서 파격 요건이 제거되고 성격 요건이 보완되면 그 기간 동안은 발복한다.

③ 정재격의 특징
- 정재는 기명채권이고, 편재는 무기명채권이다.
- 재격(財格)은 일간의 뿌리가 튼튼해야 財가 온전히 내 것이 된다. 일간의 뿌리가 없으면 재물을 가져오지 못한다. 재물이 들어오면 건강이 상하거나 처가 나간다.
- 재성은 천간에 투출하면 뿌리가 튼튼해야 하고, 뿌리가 약하면 오히려 지지에 있는 것이 좋다(특히 편재).

(3) 정재격의 직업

- 정재격은 기본적으로 치밀·꼼꼼하고, 원리원칙을 고수하고, 안정을 추구하며, 임기응변·융통성이 없으므로, 경리·재무·금융업 적성이다.
- 정재격은 직장생활을 하거나 지식·기술·자격증을 이용한 안정된 고정 사업을 하는 것이 좋다. 사채나 증권 같은 투기성 사업은 좋지 않다. 정당한 대가·이윤을 받는 직업이 좋다.
- 정재격은 사업성분이 약하다. 그러나 재성이 局을 이루거나 식상생재격은

사업해도 좋다.
- 정관을 생하는 경우: 임무수행, 책임능력이 뛰어나지만 융통성이 부족하므로 공직이나 직장생활을 하는 것이 좋다.
- 식신생재의 경우: 식신의 재능(연구·창의·표현·의식주)을 담아내는 일이 좋다. 생산업, 제조업, 식품업, 연구·지식·교육 관련업.
- 상관생재의 경우: 무역·유통업, 불특정 다수의 많은 사람을 상대하는 업종.
- 식상생재에 인성이 있는 경우: '士'자가 들어간(의사, 변호사, 세무사, 공인중개사, 미용사 등) 직업.
- 정재격에 겁재가 있는데 관살이 없는 경우: 사업은 절대 불가능하며 한방에 재산이 날아가는 수가 있다. 기어이 사업 한번 해보겠다면 관성운이 올 때 잠시 가능하다.
- 재다신약의 경우: 돈 욕심이 있어서 일을 벌려도 뒷감당을 못한다. 독립사업을 못한다. 남의 일을 도와주는 것으로 만족하고 처의 일을 외조하거나 관리역할을 하는 경우가 많다.(셔터맨)
- 신왕재왕한 경우: 결단력·추진력 있다. 그러나 급히 서두르다가 실수를 한다.
- 식상태과하면 허풍이 심하다. 하는 일에 변동이 많다. 이것저것 벌리는 일은 많은데 실속은 적다.
- 정재격은 대체로 고정적·안정적 일을 하려고 하지만 편재가 혼잡되면 사업을 하려고 한다.
- 정재격이 사업하려면 財가 제대로 뿌리 있고, 식상(食傷)이 있고, 겁재(劫財)가 없어야 한다(특히 천간에 없어야 한다). 겁재가 있으면 반드시 관성이 있어야 한다.
- 식상이 없거나 약한데 비겁이 왕하고 재성도 혼잡한 사람(특히 편재)은 투기성 사업을 잘한다. 식상이 있으면 머리를 써서 재테크 활동을 하지만 식상이 없으면 한방에 큰돈을 벌려고 하다 보니 투기성 사업에 손을 잘 댄다. 남의 돈 쓰는 것을 쉽게 생각한다. 벌 때는 엄청 벌지만 결국 사고 친다.

(4) 정재격 예문

己 辛 甲 癸 <건명> 1943년생
亥 丑 寅 未

72 62 52 42 32 22 12 2
丙 丁 戊 己 庚 辛 壬 癸
午 未 申 酉 戌 亥 子 丑

약사, 30대 초반부터 약국으로 돈 벌기 시작.
戊申대운 52세 甲戌(1994)부터 부동산 매매로 현재 1천억 원대 재산가.
甲寅이 부담이므로 건축물(木)보다는 땅(未) 속의 재물(乙)이 더 좋다. 그러므로 토지(土地) 부동산으로 많은 돈을 모았다.

충무공 이순신(李舜臣)

戊 庚 庚 乙
寅 午 辰 巳

48 38 28 18 8
乙 丙 丁 戊 己
亥 子 丑 寅 卯

① 일간: 庚金(비견 성향) ☞ 바로 옆 월간에 庚金이 또 있어서 주체성·추진성·경쟁성·적극성 등이 더욱 강하다.
② 일지: 午火(정관)
☞ 시지 寅木과 寅午 火반합을 이루고 연지에 巳火가 있고 水(식상)이 없어서 火관살(官殺)의 기운이 가장 왕성하다.
③ 월지(당령): 辰土편인(戊土편인) ⇒ 水(식상)의 고지(庫支)
④ 계춘(季春)인 辰월이므로 연간 乙木과 시지 寅木 재성(財星)이 유력하다.

그래서 목생화(木生火)로 火관살의 기운을 더욱 보태준다.
⑤ 시간 戊土와 월지 辰土는 편인(偏印)으로서 일간 庚金을 자양(滋養)해준다.
⑥ 水식상(食傷)이 미약하고 火관살(官殺)의 기운이 매우 왕성하므로 개인적인 희망보다는 공공(公共)의 안녕과 발전을 위해 희생 봉사하려는 성향이 매우 뚜렷하다.
⑦ 38 丙子대운에는 丙火편관이 투간하고 子水상관이 子辰 水반합으로 교차하고 午火정관을 충(衝)하므로 명예운과 구설운이 교차한다. 48 乙亥대운에 임진왜란이 발발하는데 亥水식신이 巳火편관을 충거(衝去)한다.
☞ 천간으로 들어오는 水운은 乙木정재를 생해주므로 좋으나 지지로 들어오는 水운은 午火정관과 巳火편관을 충거하므로 좋지 않다.

덕수(德水) 이씨로 1545년 3월 8일(음력) 새벽(寅時)에 한성(漢城) 건천동(乾川洞: 지금의 중구 인현동)에서 부친 이정(李貞)과 모친 초계(草溪) 변씨(卞氏)의 3남으로 태어났다. 1576년(丙子) 32세에 과거시험의 무과에 급제하여 권지훈련원봉사(權知訓鍊院奉事)로 처음 관직에 나갔다. 그러나 무관으로 발을 들여놓은 진로는 순탄하지만은 않았다. 1586년(丙戌) 42세에 조산보만호 겸 녹도둔전사의(造山堡萬戶兼鹿島屯田事宜)가 되었는데, 이때 국방의 강화를 위하여 군사를 더 보내줄 것을 중앙에 요청하였으나 들어주지 않던 차에 호인(胡人)의 침입을 받고 적은 군사로 막아낼 수 없어 부득이 패하게 되었다. 그런데 조정에서는 그것이 오로지 이순신의 죄라 하여 문책하였으나 다행히 중형은 면하였다.

1589년(己丑) 45세에 정읍 현감을 지냈고 유성룡에게 추천되어 1591년(辛卯) 47세에 전라좌수사에 임명되었다. 1592년(壬辰) 48세에 임진왜란이 발발하자 5월 7일 옥포해전에서 왜군을 무찌르기 시작하여 해전에서 연전연승하였다. 1598년(戊戌) 11월 19일 54세에 노량해전에서 전사하였다. 이후 인조(仁祖)는 충무(忠武)라는 시호를 내렸고 정조(正祖)는 영의정으로 올려 모셨다. 사주원국상 木(재성)⇒火(관성)⇒土(인성)⇒金(본인·비견)으로 상생되면서 木火土가 모두 왕성하고 水(식상)는 매우 미약하다.

4. 편재격

(1) 편재의 특성과 역할

세상은 넓고 할 일은 많다. 프로는 아름답다. 모험성, 임시성, 유동적, 개방적, 감각적, 이상적, 즉흥적, 기복, 과욕, 야망, 과정을 중시, 공공성, 대중적, 타협적, 사교적, 편재는 활동범위가 크다(역마驛馬), 사업가 기질, 로비수단 좋다, 자수성가 타입, 기복이 심하다, 편재가 지나치면 허풍이 세어진다.

- 식상泄편재: 적극적으로, 사업수완으로, 위험을 무릅쓰고, 보다 큰돈을 벌려고 한다. 사업가. 넓은 세계무대를 넘나드는 무역업, 사주그릇이 정재격에 비해 더 커진다.

- 편재生관성: 정재가 官을 좋아하는 것은 비겁으로부터 재성을 지키기 위해서이고, 편재가 官을 좋아하는 것은 재성의 활동성을 보장하고, 더 확장을 하기 위해서이다. 편재는 어느 정도 돈을 벌면 정치 쪽으로 로비활동을 벌인다.

- 정재는 정관을 먼저 생하지만 편재는 편관을 먼저 生한다. 그래서 편재가 있을 경우 편관이 있는지 먼저 주의해서 살펴야 한다. 편관이 칠살로 변하면 재생살이 되거나 관재수가 생긴다(뇌물, 청탁, 스캔들, 과로사)

☞ 편관이 칠살로 변하는 조건
① 일간의 뿌리가 매우 약하고 ② 관살이 중중하고 ③ 식신이나 인성의 제화가 없다.

(2) 편재격의 특징

- 편재격은 대인관계가 넓고 원만하고 사교적이다.
- 재격에 가장 필요 없는 것은 비겁(比劫)이다. 그러나 지지에서 일간의 뿌리가 되는 비견은 괜찮다.

- 양인 위에 재성이 있는 것(刃頭財)이 가장 안 좋다.
  Ex) 甲일주에 己卯, 庚일주에 乙酉
- 정·편재 모두 일간이 뿌리가 있는 것을 요한다. 일간이 약하면 내 재물이 안 되고 공동의 재물이 된다. 특히 편재(무기명 채권)는 더 심하다.
- 재격에서 양인·비겁이 있으면 관성(官星)이 첫째 용신이다. 관성이 없으면 식상(食傷)이 용신이다.
- 정재격의 첫째 용신은 관성, 편재격의 첫째 용신은 식상(특히 식신, 사업가 기질 발휘)
- 식상과 관성이 없는 財는 기복이 심하다. 무관이자 무식상은 재성이 고립되어 바람과 같은 재물이다.(孤財)
- 관성이 없는 편재는 뜬구름과 같아서 내 것이 되기 힘들다. 정재는 누가 봐도 내 재물이므로 좀 덜하다.
- 관성이 없어 식상으로 용신을 잡으면 한번은 실패한다.
- 재격에서 인성은 좋을 수도 나쁠 수도 있다. 서로 충돌하지 않아야 한다. (면허증·자격증이 필요한 경우는 좋다)
- 합, 형, 충, 공망 등은 격국을 부실하게 하고 파격의 조건이 된다. 그러나 일간과의 합은 유정(有情)한 걸로 봐서 좋게 해석한다.

(3) 편재격의 직업

- 유통, 무역, 도매, 주류, 운송, 관광, 대형마트, 대형요식업, 정보통신, 항공, 교통, 부동산.
- 식상, 특히 식신을 용신으로 쓰는 경우 사업가 기질.
- 주변 사물·환경 빨리 파악, 일을 즐김, 돈에 대한 안목이 있음, 금융·부동산, 뭉칫돈의 직업을 선호, 큰 그릇이어서 소속이 없다, 공공의 재물, 생산·판매·유통 등 사업 재산(편재), 무역·중계·외판원 등의 다방면에 소질이 있다.
☞ 자영업은 월급 재산(정재).
- 관성이 용신일 경우 직장생활이 좋다. 특히 금융계통 관리직.

- 파격이 되면(정·편재 혼잡, 비겁 旺, 無관성일 경우), 매춘·밀수·매점매석 등 불법적인 일로 떼돈을 벌려는 경향이 많다.
- 비겁이 왕하면 왕한 비겁을 극제(剋制)하는 오행(관성)의 직업이 좋다.
  · 土일주가 왕하면: 목재, 임업, 목공, 종이, 문구, 출판, 교육, 의류, 섬유
  · 金일주가 왕하면: 전기, 전자, 화학, 난방, 숯불구이집, 찜질방, 보일러, 도시가스, 화장품
  · 水일주가 왕하면: 농업, 임업, 원예, 건축, 토목, 창고, 보관, 종교, 교육, 부동산
  · 木일주가 왕하면: 금속, 기계, 귀금속, 금융, 경호, 살업(殺業)
  · 火일주가 왕하면: 수산, 생수유통, 어업, 냉동·냉장, 냉동유통, 유흥업, 물장사 (음식점, 접객업, 숙박업, 목욕탕)
- 편재격이 편중되거나 혼잡되면 일만 벌이지 결과는 없다, 자리가 안정되지 않는다. 官星마저 없으면 허황된 꿈만 꾸다가 끝난다. 일확천금을 노린다, 모험·투기·도박·주색잡기 등으로 패가망신.
- 재격은 비겁이 있는데(특히 천간, 그러나 지지에 있는 비겁은 일간의 뿌리) 관성으로 제화가 안 되면 군겁쟁재의 우려가 있으므로 사업이 불가하다
- 굳이 사업을 하려고 한다면 관성운이 확실하게 왔을 때만 가능하다. 재격은 비겁이 제화가 안 되면 사업은 절대 불가하다. 굳이 사업을 해야 한다면 官을 끼우고 官의 특성을 활용하는 사업을 해야 한다(관청 납품업).

(4) 편재격 예문

戊 丙 戊 丁　<곤명> 1947년생
戌 子 申 亥

75 65 55 45 35 25 15 5
丙 乙 甲 癸 壬 辛 庚 己
辰 卯 寅 丑 子 亥 戌 酉

탤런트 오연수 모친.
54세 庚辰(2000) 미국 라스베이거스의 카지노에서 106억 당첨.

壬 丁 癸 甲 <곤명> 1954년생
寅 亥 酉 午

77 67 57 47 37 27 17 7
乙 丙 丁 戊 己 庚 辛 壬
丑 寅 卯 辰 巳 午 未 申

前유명 행복전도강사(정덕희), 수도권 대학교 사회교육원 前강사.
37 己巳대운부터 평주부에서 유명강사로 매스컴을 타며 부와 명예를 누리기 시작.
54세 丁亥(2007) 학력 위조 사건으로 구설수
55세 戊子(2008) 승려와 간통 사건으로 관재구설수

庚 丁 壬 辛 <건명> 1961년생
子 酉 辰 丑

80 70 60 50 40 30 20 10
甲 乙 丙 丁 戊 己 庚 辛
申 酉 戌 亥 子 丑 寅 卯

김만태 교수, 저자 소개 참고
공고 기계과, 공대 항공공학과 졸업, 국방부 무기 정보분석
사람 명(命)에 관심

己 庚 壬 丙　　<건명> 1986년생
卯 寅 辰 寅

86 76 66 56 46 36 26 16 6
辛 庚 己 戊 丁 丙 乙 甲 癸
丑 子 亥 戌 酉 申 未 午 巳

컴퓨터 프로그래머, 금융권 IT 개발자
일간 庚金의 뿌리가 전혀 없다.
寅辰과 寅卯로 寅卯辰 木국 되어 재(財)국 형성한다.
木재국 위에 丙火 편관이 아주 뚜렷하다.

戊 丙 戊 壬　　<곤명> 1972년생
子 申 申 子

78 68 58 48 38 28 18 8
庚 辛 壬 癸 甲 乙 丙 丁
子 丑 寅 卯 辰 巳 午 未

김건희 여사, 영부인
경기대학교 회화과 졸업, 주식회사 코바나 대표
연월과 일시의 두 군데 申子반합으로 편재(申)가 편관(壬)의 장생지로 작용하고, 식신(戊)을 설기해서 무력화시키므로 북방 수운(水運)에는 재생살(財生殺) 우려가 매우 크다.

5. 정관격

(1) 정관격의 특성

- 정관의 특성은 학창시절의 급훈 '바르게 살자'
- 가장 잘 짜인 정관격은 **재관인(財官印-精氣神)**을 모두 갖추고 있고 일간이 뿌리가 있는 사주이다. 그러면 평생 별 애로 없이 순탄하게 부귀영화를 누릴 수 있다.
- 관인상생(官印相生)이 되는 사주도 좋다.
- 제대로 짜인 정관격이면 여자는 현모양처, 남자는 군자 스타일, 흠잡을 데가 없는 반듯한 사람이다.
- 정관은 문관(文官)으로 행정계통이나 총무, 재정, 인사와 관련이 있으며 인성을 生하는 경우에는 기획이나 아이디어도 좋다.
- 재생관이 되면 경제분야 직장생활이 좋고, 비겁을 극제하면 내무나 행정이 어울린다.
- 관인상생이 잘되면 학자, 교수, 정치가 스타일인데, 관성이 인성보다 강하면 정치나 권력 쪽으로 가고, 인성이 관성보다 강하면 학자, 교육 쪽으로 간다.
- 편중되거나 혼잡된 정관격은 답답하고 융통성이 없다. 논리에 집착하고 고지식한 성격이 되기 쉽다.
- 관살혼잡하여 식상을 용신으로 쓰면, 직언을 서슴지 않으며 비판적·파격적인 면이 있으며 군인, 경찰, 언론, 방송, 검찰, 수사 기관 등에 종사하는 것이 좋다.
- 여자가 관살혼잡된 정관격이면 남자와 인연이 많다. 남자·사회에 대한 피해의식이 있게 된다. 부부사이가 좋지 않으며, 만약 부부사이가 좋으면 남편과 일찍 이별하거나 남편이 사회적으로 실패한다.
- 남자가 관살혼잡된 정관격이면 자식으로 인한 피해·문제·스트레스가 생기며 자식과 안 좋은 사이가 될 수 있다.
- 남녀 모두 관살혼잡이 되면 직업이 자주 바뀌며, 직장 일로 인한 스트레스가 크며, 직장 일에 매진하고서도 능력을 제대로 인정받지 못한다(굳은 일은 혼자 다하고서도 욕은 욕대로 먹는다).

(2) 정관격에서 금기사항

① 상관(傷官)이 나오지 말아야 한다. 상관견관(傷官見官)이 되면 인성이나 재성으로 상관을 극제해야 하며, 생명의 위험이나 갖가지 재난이 뒤따른다.
② 합(合)·형(刑)·충(沖)·공망(空亡) 되면 관성에 흠집이 생겨 파격이 되고 격을 변질시킨다. 그러나 일간과의 합은 괜찮다(이 경우에도 일간이 극신약 하면 안 된다).
③ 관살(官殺)이 혼잡되면 안 된다.
④ 일간(日干)이 통근해야 한다. 일간이 극신약하면 오히려 살(殺)이 된다.
* 일간이 극신약한 정관격(특히 관살혼잡, 관성태과)이 사업을 하여 돈을 벌 경우 재생살(財生殺)이 되어 건강을 해치기 쉽다.(먹고살만하니 병난다)
⑤ 인성이 태과하여 관성이 도기(盜氣)되거나, 인성이나 재성이 없어서 고관 (孤官)되는 여부를 살핀다.
* 정관에 인성과 재성이 모두 없으면 고관무보(孤官無補)

(3) 정관격 예문

丙 丁 乙 壬　<박지원> 1942년생
午 亥 巳 午

81 71 61 51 41 31 21 11 1
甲 癸 壬 辛 庚 己 戊 丁 丙
寅 丑 子 亥 戌 酉 申 未 午

겁재 丙火가 월령에서 투간하여 겁재 음인(陰刃)격의 성향이 매우 강하다.
대운이 金水 재관(財官)으로 향하므로 정관 壬水의 성향도 취용(取用)한다.
김대중 前대통령 비서실장, 전남 진도 출생, 단국대 상(商)학과 졸업.
29세 庚戌(1970) 럭키금성상사 입사
己酉, 庚戌대운: 미국지사 근무, 미국에서 사업, 많은 재물 모음. DJ와 인연

辛亥대운: 51세 壬申(1992) 민주당 국회의원(전국구, 14대)
　　　　　58세 己卯(1999) 문화관광부장관
壬子대운: 61세 壬午(2002) 대통령비서실장,
　　　　　62세 癸未(2003) 대북송금 & 현대 비자금사건으로 구속 수감.
　　　　　65세 丙戌(2006) 무죄 확정으로 석방
　　　　　67세 戊子(2008) 국회의원(목포시, 무소속, 18대)
　　　　　70세 辛卯(2011) 민주통합당 최고위원
癸丑대운: 71세 壬辰(2012) 국회의원(목포시, 민주통합당, 19대), 원내대표
　　　　　75세 丙申(2016) 국회의원(목포시, 국민의당, 20대), 원내대표
　　　　　76세 丁酉(2017) 국민의당 당대표
　　　　　79세 庚子(2020.7)~81세 壬寅(2022.5) 국가정보원 원장
甲寅대운: 83세 甲辰(2024.5) 국회의원(전남 해남완도진도, 더불어민주당, 22대)

丙 甲 己 壬　<건명> 1962년생
寅 子 酉 寅

75 65 55 45 35 25 15 5
丁 丙 乙 甲 癸 壬 辛 庚
巳 辰 卯 寅 丑 子 亥 戌

2남 1녀 중 둘째, 부친 일찍 사망
고집이 무척 세고, 조폭·건달과 같은 기질이 있다—寅(호랑이) 건록이 두 마리 있어서.
편관은 없고 월지 정관격이지만 정관이 미약하다. 평생 제대로 된 직업이 없다. 한 직장에 오래 있지 못하고 여러 직장을 전전하였다—학벌도, 기술도, 자식도 없다.
30대 초반에 총각으로서 자식 둘 딸린 9살 연상(癸巳생) 이혼녀와 정식 결혼해서 살고 있다.

壬 甲 己 丁　<곤명> 1977년생
申 午 酉 巳

71 61 51 41 31 21 11 1
丁 丙 乙 甲 癸 壬 辛 庚
巳 辰 卯 寅 丑 子 亥 戌

1남 1녀 중 장녀, 초등학교 때 부모가 이혼. 이혼 후 엄마는 집 나가고, 부친은 마약사범으로 교도소를 20년가량 들락날락하다가 2010년(庚寅)에 출소 후 사망.

남매가 국가 보조비로 생활하면서도 항상 우등생으로 초중고 계속 반에서 1~2등 했다. 뒤늦게 엄마가 생활비·교육비를 지원해줬다.

서울 소재 대학교 4년제 간호학과 졸업 후 서울 소재 대학병원에 2년간 근무하다가 의과대학에 진학. 현재 안과병원에서 과장으로 재직 중이다.

1살 연하 남편(戊午생)은 한의사로서 한의원을 개원해서 함께 잘살고 있다.

6. 편관격(칠살격)

(1) 편관격의 특징

- 일간의 뿌리가 약한데 편관이 강하면 살(殺)이 뻗쳐서 자칫하면 단명(短命)한다. 이런 경우 인성에 의지해야 하는데 종교 활동을 하는 것이 좋고, 사회활동에 너무 치우치면 재생살이 되므로 조심해야 한다. 스트레스, 신경쇠약 등을 조심해야 한다.
- 충성심, 의협심(의사, 열사 등 죽음도 마다하지 않는 정신), 종교인 등의 특성이 있다.
- 권위적, 강압성이 있다. 일간과 비겁을 모두 장악한다.
- 극단적, 성급, 일방적, 원초적, 야생적, 호전적, 폭력적.
- 항상 관재 구설에 시달린다. 재앙·질병 등 殺을 끼고 다닌다.
* 殺은 흉신의 대표주자로서 '느닷없이 갑자기 돌발성'을 갖고 있다. 뜻밖의 갑작스런 출세나 난세의 영웅이 되기도 한다.

(2) 편관격의 제화(制化)

- 식신제살(食神制殺): 공격적·능동적·자율적·적극적이 된다. 자기본위적·투쟁적·비판적이 되기 쉽다.
- 살인상생(殺印相生): 위기를 기회로 바꾼다(절처봉생 絶處逢生). 지식·지혜·신앙·덕·사랑으로 칠살을 제화. 그러나 시간이 오래 걸린다. 적군을 내 편으로 만들어 적지에서도 살아남는다. 士자 직업
☞ 인성용신은 금방 일이 이뤄지는 것이 아니며, 오래 준비해온 일만 된다.
- 합살(合殺): 양간은 겁재(劫財)로, 음간은 상관(傷官)으로 칠살을 합한다. 머리가 영리하고 타이밍을 잘 맞춘다. 그러나 **충해서 합이 깨지면 다시 흉신작용을 하여 문제·사고가 일어나므로 잘 살펴야한다.**

(3) 편관격 간명시 유의 사항

① 편관격에서는 일간의 통근 여부를 먼저 살펴야 한다.
　일간이 녹지(祿支)·왕지(旺支)에 통근하고 있으면 어떤 칠살(七殺)도 감당 할 수 있다.
② 편관의 제화(制化)여부를 살핀다.
③ 관살의 혼잡여부를 살핀다.
④ 재성의 동태를 살핀다. 재성(특히 편재)이 많으면 재생살이 된다. 일간이 왕(旺)할 경우 약한 편관을 재성이 살려줄 수 있다(재자약살 財慈弱殺).

(4) 편관격 예문

癸 壬 戊 丙　<곤명> 전청조(全靑鳥), 1996년생
卯 寅 戌 子

78 68 58 48 38 28 18 8
庚 辛 壬 癸 甲 乙 丙 丁
寅 卯 辰 巳 午 未 申 酉

일간 壬水가 연지 子에 통근하고 시간에 겁재 癸水
8대운이라 월지 戌 중의 편관 戊土에 당령(當令)
월간에 戊土 투출, 편재 丙火도 연간에 투출
寅(午)戌 화국(火局), 寅戌사이에 午 공협
매우 뚜렷한 편관격
寅卯 식상(食傷)국, 戌子 격각(隔角), 辰巳 공망(空亡)
대한민국의 사기 전과자이자 피의자.
여러 사기 범죄를 저질러 실형을 선고받은 적이 있으며, 출소 후에도 전청조 혼인빙자 사기 사건 등 또다시 사기 범죄를 저지른 혐의로 재구속되었다.

7. 정인격

(1) 정인의 특성

윗사람으로부터의 복덕, 수용능력, 합리적, 보편적, 상식적, 지속적, 인내심, 꾸준함.
변화를 싫어함, 베푸는 것에 인색, 품위, 명분 우선, 실속없고 자존심과 고집을 앞세움, 한 가지만 고집.
☞ 편인: 즉흥적, 자기 맘대로 골라서, 상황에 따라 다르고, 오래가지 못하고, 쉽게 변하고, 일간이 약할 때는 일간을 돕는 좋은 작용을 한다.

(2) 정인격의 특성

- 다른 격과는 달리 일간이 신왕한 것보다 약한 것이 좋다.
- 관성을 만나 관인상생(官印相生)이 되면 일간이 어느 정도 신약해도 가정 교육이 잘 된 사람, 모범, 성실, 정직, 순박, 선량, 믿을만한 사람, 여유, 총명, 현명, 지혜롭다.
- 학자나 선비 스타일이지만 지나치면 이론만을 주장하게 되고, 고집이 세지며, 자만심이 커진다.
- 무식상(無食傷)이면 베풀 줄 모르고 받을 줄만 알고 게으르다.
- 순수하고, 계산하지 않고, 잔머리를 굴리지 않고, 주는 그대로 받아들인다.
- 여자는 현모양처 자질, 다른 사람을 두루 포용.
- 정인이 食傷을 용신으로 쓰게 되면 전수받은 것을 잘 전달하는 재주가 있다. 교육자 스타일이며 하나를 배워서 열을 가르치게 된다.
☞ **탁월한 교육자 사주: 正印格+食傷용신**
- 정인이 태과·혼잡하여 파격되면 이기주의, 자기본위, 쓸데없는 자존심이 생기며, 이론은 박식하지만 응용력은 부족하고, 생각은 많은데 행동으로 옮기지 못한다. 인내심이나 지구력이 약하고, 무사안일, 게으르며, 귀가 얇아 남에게 속기 쉽고, 자기 고집만 부리며, 타인의 충고를 받아들이지 않고,

시작은 있지만 끝맺음을 제대로 하기 힘들다. 계획이나 일에 일관성이 없다.
- 정인이 약한데 재성에 의해 파격이 되면(貪財壞印) 잔꾀, 소인배 기질, 잔머리를 굴리게 되고, 선비가 시장에서 장사하는 꼴이 되어 얄팍한 술수, 돈 때문에 구차해짐, 일은 안하고 정신적 고통을 받는 등의 상황이 벌어진다.
- 정인격이 재성에 의해 파격이 되거나 형충(刑沖)되면 쪼들리는 선비가 되어 경제적으로 곤란하고 체면 때문에 함부로 일도 못해서 정신적인 갈등이 많이 생긴다.
- 정관과 정인은 타이틀·명분·체면·외양을 중요하게 여기며 자신을 돋보이게 하는 차별화를 좋아한다.
- 현실감각이 뒤떨어지고, 이상에 얽매이기 쉽다.
- 일생동안 큰 노동을 하지 않고 정신적·명예적 일을 주로 한다.

(3) 정인격의 직업

- 정인격은 학문과 인연이 많아 교육, 관료, 직장, 종교인 등에 어울리며 학문의 깊이를 활용하는 쪽으로 성공할 수 있다.
- 편관을 만나면 군인, 법관, 기술 계통에 인연 있다.
- 관성의 뿌리가 없으면 명예·지위를 탐하지 않는 순수 학문·예술 분야가 어울리며, 직장 승진이나 명예 등은 될 일도 잘 안되게 된다.
- 정·편인이 혼잡되면 두 마리 토끼를 쫓는 형상이 되어 한 가지 일에 집중 못한다.
- 정인격에 화개살이나 괴강살이 같이 있으면 종교나 예술분야에 두각을 나타낸다.
- 정인격은 어디가든지 정통성, 원칙, 정석으로 일을 한다.
- 안정적·보수적인 일을 선호하며 프리랜서·임시직을 싫어한다.

(4) 정인격 예문

壬 丙 乙 癸 <건명> 1953년생
辰 戌 卯 巳

80 70 60 50 40 30 20 10
丁 戊 己 庚 辛 壬 癸 甲
未 申 酉 戌 亥 子 丑 寅

전남 광주에서 고등학교 졸업 후 상경해서 공무원 생활하던 중
28세 庚申(1980) 광주 민주화운동 때 몸을 크게 다쳐서 사직하고
 산사(山寺)를 전전하면서 만행(萬行)을 하고 명리공부를 하게 되었다.
46세 丁丑(1997) 지리산 청학동에 기거하면서 결혼하였다.
지금도 지리산에서 산양삼을 재배하며, 명리학 공부와 강의·상담을 하고 있다.

8. 편인격(도식격)

(1) 편인격의 특성

- 편재나 정재로 제화(制化)가 되는지 살펴야 한다.
- 일간이 신약한데 편인이 하나만 있으면 정인처럼 작용하므로 극제가 불필요하다.
- 임기응변, 두뇌회전·눈치 빠름, 일처리 순간 척척, 순발력, 기획포착(자칫하면 기회주의자)
- 직감적, 즉흥적, 신비적, 비현실적.
- 남한테 잘 드러내지 않는다. 타인을 의식하지 않는다. 표현방법이 부족한 것 같지만 속으로는 조조나 제갈량처럼 머리를 굴린다.
- 호기심이 강하다. 특화된 방면에 몰두할 전문가적 소질이 있다. 독특한 재주·노하우·끼
- 변덕스럽다. 행동은 느린 편이며 게으르다.
- 끝가지 초기일관 해야 한다. 끝맺음을 잘해야 한다. 가능한 원래 계획대로 움직이며, 자신을 과신하지 말아야 성공할 수 있다.
- 이중인격자, 기회주의자적 기질
- 직업도 한 가지에 만족 못한다(투잡족). 취미생활을 직업으로 하는 것이 좋다(Ex 의사이면서 재즈바를 운영하는 것).
- 특별히 조심할 사주는 양인·겁재가 있는 사주이다. 양인·겁재가 있으면 편인은 일간편이 아니라 양인·겁재편을 들어주게 되며 겉으로는 점잖지만 속으로는 쌀쌀·냉혹·표독스럽다.
- 편인이 편중되면 욕심이 많다. 잔병치레가 끊이지 않는다. 신체나 외모가 볼품이 없다. 인색·천박하고 의지가 약하다. 인정머리가 없다.
- 편인이 편재를 봐서 잘 제화되면 정인격보다 훨씬 좋다.
☞ **편인격은 재성의 상태를 가장 먼저 살펴봐야 한다.**
- 재성이 없는 편인격은 아무리 재주가 많고 기술이 뛰어나더라도 가난하다. 팔방미인처럼 열 가지 재주가 있지만 먹고 살 재주는 별로 없다.
- 편인격이 편중되고 제화가 되지 않으면 유행성 질환을 많이 앓게 된다.

- 편인격에 관살이 혼잡되면 일생이 파란만장하고 성패가 심하며, 과로로 건강을 해치기 쉽다.
- 귀가 얇아서 남에게 잘 속는다.
- 철학·종교·신비세계에 치우친다.   ☞ **편인은 치우친 생각, 고독한 성분**

(2) 편인격의 직업

- 편인격이 제화가 안 되거나, 편인이 태과하여 관성을 도기(盜氣)시키면 한 직장을 오래 다니지 못하고, 장사도 한 품목을 오래하지 못한다. 편인격이 제화가 안 되었거나 관성이 부실한 사람은 이것저것 안 해본 것이 없다.
- 편인격은 겸업이 많다.
- 올빼미(梟)처럼 주로 밤에 활동하는 일을 많이 한다. 밤에 집중을 잘한다.
- 교육, 종교, 예술, 철학, 스포츠, 의약, 역술, 침술, 기공, 한약, 연예인, 밤무대 악사, 유흥업, 이·미용

(3) 편인격 예문

丙 乙 庚 丙   <건명> 1966년생
戌 丑 子 午

72 62 52 42 32 22 12 2
戊 丁 丙 乙 甲 癸 壬 辛
申 未 午 巳 辰 卯 寅 丑

前경영컨설턴트, 前마음코칭 전문가, 前행복 강사.
학창 시절부터 일찍 동양 종교와 영적 세계에 관심이 매우 많았다. 재테크에는 무관심하다.
현재는 그간의 일들이 모두 수포로 돌아가 지방에서 칩거하고 있다.

己 丁 戊 乙   <제산 박재현(박도사)> 1935년생
酉 卯 子 亥

63 53 43 33 23 13 3
辛 壬 癸 甲 乙 丙 丁
巳 午 未 申 酉 戌 亥

동짓달의 丁火가 본인의 뿌리가 전혀 없다.
뒤늦게 운에서 비겁이 들어오면 지나치게 과감해진다.
비겁운에는 징검다리를 건너듯 매우 신중해야 재앙을 면한다.
앉은 자리에 卯 편인이 있어 직관(영감)이 뛰어나다.
亥子위에 乙 편인도 있어 더욱 그러하다.
뚜렷한 乙木 편인격이다.
식상은 있으나 무력하다. 재물 인연이 더 약해진다.
식상이 혼잡되어 이것저것 생산하지만 뿌리가 부실하므로 불량품이 나온다.
亥子 관이 있어 활용하고 싶으나 공망이라 실질 공명은 어렵다.
子卯형으로 응용성은 있으나, 자식(건강) 문제가 우려된다.
酉卯충돌로 재물 그릇에 금이 갔으므로 재물을 분에 넘치게 많이 담으면 오히려 재물 손상이 우려된다.
卯木도 금이 갔으므로 金운에 뇌신경 질환도 유의해야 한다.
통근(通根)이 되는 未대운부터 사주감명으로 명성을 얻고 많은 부를 모았으나, 말년에 잘못된 투자로 큰 손재를 입었다.
뇌졸중(중풍) 후유증으로 2000(庚辰)년 환원(還元)

9. 건록격(비견격), 양인격·음인격(겁재격)

☞ 천간의 비견·겁재는 일간의 財(재물·활동공간)를 분탈할 수 있고, 건록·양인·음인은 일간의 뿌리(통근처)가 된다. 그러므로 천간의 비견·겁재는 격으로 정하지 않는다. 그러나 지지에 오는 비견·겁재는 건록격·양인격·음인격으로 인정한다.

(1) 건록격과 양인격·음인격의 특성

- 관성이 반드시 있어야 한다.(건록격-정관, 양인격·음인격-편관)
- 관성이 없는 건록, 양인·음인은 일간의 편이 안 될 소지가 크다.
- 가장 꺼리는 것은 관성(官星)과 식상(食傷)이 없고 재성(財星)만 있는 것이다. 이 경우 군겁쟁재(群劫爭財) 현상이 일어난다.
- 건록은 식신과 정인 성분(순수함), 양인·음인은 상관과 편인 성분(계산적) 양인은 어지간한 관으로는 만족을 하지 않으며 자존심·자만심·무자비·냉혹함·독선적인 기질
- 건록격+정관(편관) 용신: 순수, 공공의 이익을 위해 봉사, 올곧은 공무원 타입, 타의 모범
- 양인격+편관 용신: 양인합살(陽刃合殺) 권력, 카리스마, 군림, 통치, 보스, 리더, 지배자, 통치자의 특성
- 무뚝뚝하고 표현을 잘 안한다. 그러나 경쟁심이 있어 속으로는 치밀하다.
- 말보다 행동이 앞선다. 실질적인 행동으로 보여준다.
- 약자를 보호하고 강자에게는 강하다. 의협심이 있다.
- 항상 라이벌이 따라다닌다. 숙명적으로 반대파들이 있다.
- 일 처리가 정확하지만 개인적으로는 실속이 없다. 재복이 약하다.
- 관성(官星)이 미약하거나 없으면(과속하는 자동차에 브레이크가 없는 것과 같아) 위험요소가 많고, 독선적, 무책임, 극단주의적, 모험적, 투기적, 돌발적 행동, 갑작스런 사고수
- 공사(公私)가 분명하고, 재물에 연연하지 않는다.
- 조숙하고, 일찍 사회활동, 자수성가형, 독립적, 추진력, 모험적, 개척정신이

강하다.
- 무관(武官) 체질, 정신과 신체가 건강, 인상부터 강하다.
- 한번 꺾이면 재기하기 힘들다. 큰 충격으로 타락하거나 폐인이 된다.
- 한번 병이 나면 회복이 잘 안 된다.

(2) 건록격 예문

甲 辛 癸 甲   <곤명> 1964년생
午 未 酉 辰

74 64 54 44 34 24 14 4
乙 丙 丁 戊 己 庚 辛 壬
丑 寅 卯 辰 巳 午 未 申

원래 동양철학과 심리학에 관심이 많아 대학교를 철학과에 진학하려고 했으나 부모님과 선생님의 반대로 서울 소재 명문대 영어교육과에 진학했다.
대학 졸업 후 사립고교 영어교사로 계속 근무 중이다.
그러나 철학 공부에 대한 미련이 많이 남아 대학원 철학과에 진학해 중국철학 전공으로 석사를 마치고 박사과정까지 수료했으나 논문이 결국 통과되지 않아 박사학위는 받지 못했다.
아직도 미혼인데, 본인은 결혼하려고 했으나 마음에 드는 남자가 없어 독신이다. 집중력과 인내심이 매우 강하고, 자기주장과 고집도 대단하다.

辛 庚 丙 辛   <건명> 1961년생
巳 辰 申 丑

72 62 52 42 32 22 12 2
戊 己 庚 辛 壬 癸 甲 乙
子 丑 寅 卯 辰 巳 午 未

고등학교 졸업 후 지역 농협의 금융계에 근무하면서 소(牛) 축산도 작은 규모로 병행하였다.

壬辰대운 38세 戊寅(1998) 친구 빚보증으로 3억 원가량 손해. 이후 농협도 사직하였고 그 여파로 고통이 매우 많았다.

농사와 소 축산도 하고, 부동산 중개사무소를 아내(丙午생)와 함께 운영하며 억척같이 살아왔다.

辛卯대운 50세 庚寅(2010) 4대강 사업으로 낙동강변 축산농장이 편입되면서 경제적으로 일부 회복하였다. 은행 대출도 부정적이지만 자산(資産)이라 여기며 생활하고 있다.

지금은 부동산 중개사무소를 정리하고 경북 구미 근교에 목장을 마련하여 아내와 함께 소 축산에 전념하고 있다. 그러나 체력적으로 힘이 든다.

(3) 음인격 예문

癸 丁 庚 丙   <풍신수길(豊臣秀吉), 도요토미 히데요시, 1536~1598>
卯 巳×寅×申

丙 乙 甲 癸 壬 辛
申 未 午 巳 辰 卯

정사(丁巳)일주*라 앉은 자리가 겁재(劫財) 음인(陰刃)인데 연간(年干)에 또 겁재 병화(丙火)가 투출하였고, 월지(月支)가 인(寅)으로 화(火) 장생(長生)이라 겁재 병화(丙火)·사화(巳火)의 기세가 매우 왕성하다.

* 정사(丁巳)일주는 성급하여 성격이 불같다. 일 처리가 명확하고 신속하다. 승부욕·경쟁심이 매우 강하다.

인신(寅申)충에 인사신(寅巳申)형이 연월시지에서 유력하게 작용한다. 그러므로 매우 역동적인 사주이다. 금재(金財)와 수관(水官)의 기세는 상대적으로 미약한데 대운도 목화(木火)로 향하므로 금수(金水) 재관(財官)이 더욱 무력해진다.

화(火) 겁재의 기세가 잠잠해지기 시작하는 을미(乙未)대운에 실권을 장악하고, 금수(金水) 재관(財官)에 힘이 생기는 병신(丙申)대운에 일본 전국을 통일하였다. 일본인들 사이에서는 최하층에서 시작하여 크게 출세한 입신출세의 상징적 인물로 여겨진다.

미천한 하급 무사 출신이지만 지략이 매우 출중하여 오다 노부나가의 뒤를 이어 1582년(47살) 실권을 장악하였고, 1590년(55살) 반대세력을 모두 굴복시키고 일본을 통일하였다. 1592년(57살) 조선을 침공하여 임진왜란을 일으켰고 1598년(63살) 정유재란 중 질병으로 사망하였다.

甲 丁 丙 己　<조원진 국회의원> 1959년생
辰 卯 寅 亥

83 73 63 53 43 33 23 13 3
丁 戊 己 庚 辛 壬 癸 甲 乙
巳 午 未 申 酉 戌 亥 子 丑

한국외국어대 정치외교학과 졸업, 제18(2008~2012), 19(2012~2016), 20(2016~2020)대 국회의원(대구 달서구), 우리공화당 대표.

35세에 대우자동차를 거쳐 대우 중국기획조사부 부장까지 했었다. 그 후 황병태 국회의원 보좌관을 거쳐 두 차례 국회의원 선거에 출마했는데 낙선했다 (1998 재보궐, 2000 제16대 국회의원).

16대 총선 선거공보물에는 '명동판매'라는 기업의 대표이사로 재직. 16대 총선에서 낙선한 후인 2001년엔 중국에서 무역 컨설팅 사업을 하기도 하였다. 이때 세계해외한인무역협회의 베이징 지회장을 역임하기도 하는 등 사업수완이 있다. 김우중 회장과의 인연이 있다.

10. 종격(從格)

(1) 종격의 유형

사주가 한 가지 오행으로 집중되었을 경우, 그 오행을 좇아 종격(從格)이 성립된다.

인성으로 신강하여 종하면 종강(從强)
비겁으로 신왕하여 종하면 종왕(從旺)
식상으로만 이루어져 있으면 종아(從兒)
재성으로만 이루어져 있으면 종재(從財)
관성으로만 이루어져 있으면 종살(從殺)
식재관으로 이루어져 있으면 종세(從勢)

* 인성(종강격), 비겁(종왕격·전왕격), 식상(종아격), 재성(종재격), 관살(종살격)
* 종왕(전왕)격은 곡직격(木旺), 염상격(火旺), 가색격(土旺), 종혁격(金旺), 윤하격(水旺)으로 구분
  - 木의 세력이 강하면 곡직(曲直)격
  - 火의 세력이 강하면 염상(炎上)격
  - 土의 세력이 강하면 가색(稼穡)격
  - 金의 세력이 강하면 종혁(從革)격
  - 水의 세력이 강하면 윤하(潤下)격

(2) 종격의 성립 조건

① 종하는 오행의 계절이어야 한다.
② 종하는 오행이 지지에 세력을 이루고 있어야 한다(삼합이나 방국).
③ 종하는 오행이 천간에 투출해야 한다.
④ 종하는 오행을 거스르는 오행이 없어야 한다.
⑤ 종왕격 외에는 일간의 뿌리가 없어야 한다.

* 종강격: 재성(財星)이 없어야 한다.
* 종왕격(전왕격): 관성(官星)이 없어야 한다.
* 종아격: 인성과 비겁이 없거나 무력해서 일간이 식상을 감당하지 못할 때 성립. 인성(印星)과 비겁(比劫)이 없어야 한다.
* 종재격: 무력한 일간이 강한 재성을 감당하지 못하는데 식상마저 재성을 도울 때 성립. 비겁(比劫)과 인성(印星)이 없어야 한다.
* 종살격: 식상(食傷)과 인성(印星)이 없어야 한다.

(3) 종격의 간명 방법

* 종격은 자리(宮)에 따른 육친 해석이 가장 중요하다.
 - 기신과 희신이 어느 자리에 있는지를 보고 육친의 길흉을 판단한다.
 - 연주가 좋으면 조상·부모가 좋고, 월주가 좋으면 사회 활동력과 형제가 좋고, 일주가 좋으면 배우자가 좋고, 시주가 좋으면 자식이 좋다.

* 대운의 흐름에 따라서도 육친관계의 길흉을 통변한다.
 - 초년대운(1~2)은 부모운, 중년대운(3~5)은 배우자운, 말년대운(6~)은 자식운

* 종격의 건강은 조후가 아니라 종하는 오행을 거스르는 운에서 건강이 나빠진다.
* 종왕격은 관성운, 종강격은 재성운, 종아격은 인성운, 종재격은 비겁운, 종살격은 식상운에 문제가 생긴다(종하는 오행을 파극하므로).

* 진종(眞從)이 되면 운에 구애받지 않으나 가(假)종격은 운에 따른 부침과 굴곡이 심하다.
 - 대운에서 희신이나 기신을 만나면 그 기간 동안 성격(成格)이나 파격(破格)이 된다.

* 애매한 종격의 성격 여부는 살아온 과거와 지나온 운을 대입해서 판단한다.

* 종격의 희용신
  용신: 종하는 오행 그 자체. 따라서 종격은 격국과 용신이 일치한다.
  희신: 종하는 오행을 생조·설기하는 오행
  기신: 종하는 오행을 거스르는 오행, 종왕격 외는 일간의 뿌리가 되는 오행

甲 甲 癸 壬 子 寅 卯 寅 <곡직격>	乙 丙 甲 丙 未 午 午 午 <염상격>
戊 戊 己 戊 午 戌 未 戌 <가색격>	己 辛 辛 戊 丑 酉 酉 戌 <종혁격>
辛 壬 壬 壬 亥 申 子 子 <윤하격>	乙 辛 甲 癸 未 卯 寅 卯 <종재격>
戊 丙 壬 戊 子 辰 戌 辰 <종아격>	壬 丙 壬 戊 辰 戌 戌 戌 戊土 당령, 대운 흐름상 종아격× 사찰판화 조각가, 선방 승려
辛 乙 辛 戊 巳 酉 酉 申 <종살격>	庚 壬 庚 庚 子 申 辰 申 <종강격>

丁 戊 戊 戊 <곤명> 1958년생
巳 午 午 戌

71 61 51 41 31 21 11 1
庚 辛 壬 癸 甲 乙 丙 丁
戌 亥 子 丑 寅 卯 辰 巳

일본에서 빠징코장 경리 근무하다가 외국 남자와 2번 결혼했으나 모두 실패.

● 종하는 사주의 전망

종(從)이란 사주가 한 가지 오행이나 육신으로 지나치게 치우쳐져 있는 경우, 일간이 자신을 포기하고 어쩔 수 없이 다른 오행이나 육신의 기세를 따라가는 것을 말한다. 즉 일간이 도저히 자생(自生)하거나 자립(自立)할 능력이나 여건이 안 되어 다른 곳에 의탁하는 것이다. 입양(入養)되는 것과 같은 개념이다. 그러나 요즘 시대에는 일간이 아주 약하게라도 통근(通根)을 하고 있으면 어지간해서는 종하지 않는다. 왜냐하면 과거와 달리 자신의 의견과 개성을 주장하면서 어떻게든 스스로 살아가려고 노력하기 때문이다(그러나 캥거루족, 니트족 문제).

☞ 캥거루족: 독립할 나이가 되었는데도 부모에게 의존하며 사는 사람들을 이르는 말이다. 어미의 배에 붙어 있는 주머니에서 6개월 내지 1년을 보내야만 독립할 수 있는 캥거루의 습성을 빗대어 만든 말로, 취업 여부와 상관없이 경제적이나 정신적으로 부모에게 의존하는 사람들을 가리킨다. 부모로부터의 독립을 원하지만 임금이 적어 독립하지 못하는 사람들도 비자발적 캥거루족에 속한다고 할 수 있다. 캥거루족의 등장은 심각한 경제난과 극심한 취업난, 만혼 등의 사회적 현상을 간접적으로 반영한다. 최근에는 결혼 후 주거비의 부담을 덜기 위해 부모에게 얹혀사는 '신(新)캥거루족'도 생겨나고 있다.

☞ 니트족: 'NEET'는 'not in education, employment or training'의 줄임말이다. 학생도 아니고 직장인도 아니면서 직업 훈련도 받지 않는 근로의욕 없는 청년 무직자를 가리키는 말이다. 특히 10대 후반에서 30대 사이의 미혼 취업 인구 중 취업에 대한 의지가 없는 이들을 가리킨다. 니트족은 일하고 싶어도 일자리를 구하지 못하는 실업자나 아르바이트로 생활하는 프리터족과는 분명히 구별된다. 경제 환경이 악화된 유럽에서 1990년대에 처음 나타난 니트족은 일본을 거쳐 한국 사회에도 등장했다. 2009년 전경련이 발간한 <청년 니트 해부> 보고서에 따르면 2008년 상반기 청년 니트족은 113만 명에 달하는 것으로 나타났다. 이것은 청년층 실업자 32만 8000명의 3.4배에 이르는 숫자다.

11. 화격(化格)

화격(化格)이란 일간이 다른 천간과 합하여 일간 본연의 오행을 버리고 화기(化氣)오행으로 변해 격국이 된 것이다.
갑기합화토격(甲己合化土格), 을경합화금격(乙庚合化金格), 병신합화수격(丙辛合化水格), 정임합화목격(丁壬合化木格), 무계합화화격(戊癸合化火格)

(1) 화격의 성립 조건

① 일간(日干)과 월간(月干) 또는 시간(時干)의 합만 인정한다.
   멀리 떨어진 연간의 합은 인정하지 않는다.
② 합화하는 오행의 계절이어야 한다.
③ 합화하는 오행이 지지에 세력을 이루고 있어야 한다(삼합이나 방국).
④ 합화하는 오행이 천간에 투출해야 한다.
⑤ 합화하는 오행을 거스르는 오행이 없어야 한다.
⑥ 己·庚·戊 외는 일간의 뿌리가 없어야 한다.

(2) 화격의 간명 방법

* 화격은 자리·궁(宮)에 따른 육친 해석이 가장 중요하다.
- 기신과 희신이 어느 자리에 있는지를 보고 육친의 길흉을 판단한다.
- 연주가 좋으면 조상·부모가 좋고, 월주가 좋으면 사회 활동력과 형제가 좋고, 일주가 좋으면 배우자가 좋고, 시주가 좋으면 자식이 좋다.

* 대운의 흐름에 따라서도 육친관계의 길흉을 통변한다.
- 초년대운(1~2대운)은 부모운, 중년대운(3~5대운)은 배우자운, 말년대운(6대운~)은 자식운

* 화격의 조후(調候)가 아니라 합화(合化)하는 오행을 거스르는 운에서 건강이 나빠진다.

* 진화(眞化)가 되면 운에 구애받지 않으나 가(假)화격은 운에 따른 부침과 굴곡이 심하다.
- 대운에서 희신이나 기신을 만나면 그 기간 동안 성격이나 파격이 된다.

* 애매한 화격의 성격 여부는 살아온 과거와 지나온 운을 대입해서 판단한다.

* 화격의 희용신
  용신: 합화하는 오행 그 자체. 따라서 화격은 격국과 용신이 일치한다.
  희신: 합화하는 오행을 생조·설기하는 오행
  기신: 화기오행을 극하는 오행, 일간 또는 간합하는 천간의 통근처가 되는 오행, 투합이나 쟁합하는 오행

| 甲 己 乙 戊
戌 未 丑 辰
김영삼 대통령
乙木 기신, 假화격
戊午월이라면 眞화격 | 壬 辛 丙 己
辰 亥 子 亥
<병신합화水격>
연간의 己土가 흠이다. | 丁 癸 戊 戊
巳 未 午 寅
<무계합화火격>
戊土가 2개라서 흠이다. |

제11장. 사주 간명 방법
 1. 사주 간명의 순서
 2. 사주 간명시 참고사항
 3. 쌍생아(雙生兒)·동일사주 간명법
    오행과 질병
    오행의 전공과 직업
    부부 궁합의 명리학적 특징

제11장. 사주 간명 방법

1. 사주 간명의 순서

대부분의 명리학인(命理學人)들은 사주명조를 자동차에 비유하면서 경차, 소형차, 중형차, 대형차 등이 있다고 말한다. 이런 사주명조의 구분은 차량 금액, 차량 크기를 기준으로 한 것이다. 이런 논리대로라면 경차에 고가의 옵션을 추가할 수는 있겠지만 대형차가 되는 것은 영원히 불가능하다. 그럼에도 불구하고 자신은 개운(開運)할 수 있는 비법이 있다고 광고하는 자가당착에 빠져있다.

명리학적으로 보다 엄밀하게 말한다면 사주는 승용차, 승합차, SUV, 화물차, 버스, 특장차 등으로 구분되고, 다시 그중에서 승용차는 자가용, 영업용 택시 등, 승합차는 일반 승합차, 학원용 승합차 등, 화물차는 일반화물차, 이삿짐 운반차, 택배화물차, 수산물 운반차, 골재 운반차 등, 특장차는 소방차, 구급차, 경찰차, 호송차 등으로 나뉜다고 보는 것이 합리적이며 타당하다.

이렇게 사주명조가 구분된 후, 그 차량의 각 음양오행(陰陽五行)인 승객이나 화물이 그 차량 안에서 얼마나 균형 있게 탑승 또는 적재되어 있는가 여부에 따라 앞으로 그 차량이 얼마나 순탄하게 주행할 것인지, 어느 커브 길에서 조심조심해야 할 것인지, 얼마나 험난하게 주행할 것인지가 가늠될 수 있다. 이런 논리의 바탕은 바로 **중화(中和)**이다. 사주명리학의 가장 정리(正

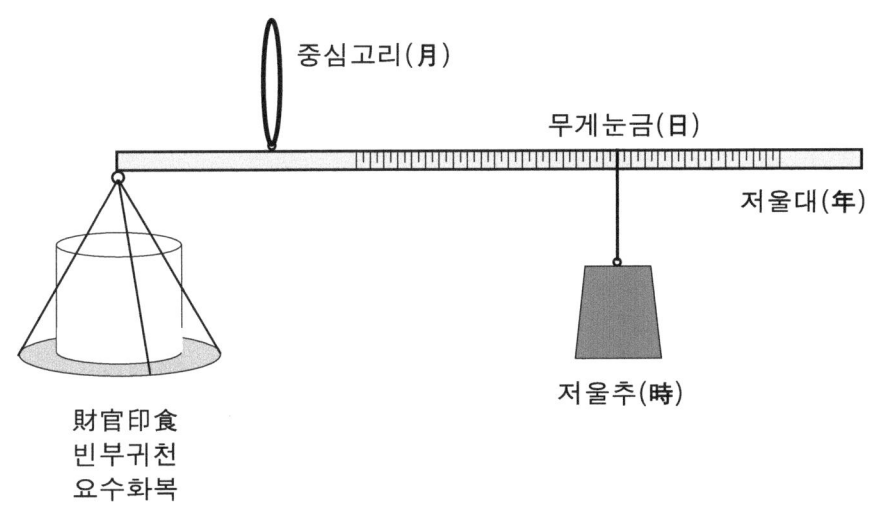

<사주와 대저울, 그리고 중화와 평형>

理) 중의 정리는 **중화론(中和論)**이다.

인간의 생애 과정인 '부모의 양육환경⇒전공⇒직업⇒배우자⇒자식' 중에서 사람이 후천적으로 선택할 수 있는 여지가 있는 **이름·(작명), 직업(전공), 배우자(궁합), 거주지·사무지(지리)**가 부중화(不中和)를 중화에 이르게 하는 가장 효과적인 방법이다.

(1) 사주와 대운을 정확하게 작성한다.

* 사주 간명의 가장 중요한 첫걸음은 사주와 대운의 정확한 작성이다.
* 상대방이 불러주는 생년월일시를 그대로 적지 말고 반드시 확인한다. 특히 음양력, 경도상 시차, 서머타임, 야자시 여부.
- 태생지를 확인한다. 진시(眞時: 자연시)와 풍수지리적 태생 환경을 확인하는 데 필요하다.
- 사주명리학에서는 표준시가 아니라 진시(眞時: 자연시)를 적용한다.
- 생시가 시간이 구분되는 경계에 있을 때는 태어난 곳의 위치도 반드시 함께 고려해야 한다. 예를 들어,

酉시(17~19시) 태생자의 경우, 진시(眞時)는 한국 표준시 / 일본 표준시
울산은 16시 53분~18시 53분 / 17시 23분~19시 23분
부산은 16시 54분~18시 54분 / 17시 24분~19시 24분
대구는 16시 56분~18시 56분 / 17시 26분~19시 26분
서울은 17시 2분~19시 2분 / 17시 32분~19시 32분
광주는 17시 2분~19시 2분 / 17시 32분~19시 32분
인천은 17시 4분~19시 4분 / 17시 34분~19시 34분

<지역별 시각표>

지역	동경 127° 30' (한국 표준시)	동경 135° (일본 표준시)
울릉도	⊖ 13분 35초	⊕ 16분 25초
울산	⊖ 7분 17초	⊕ 22분 43초
부산	⊖ 6분 12초	⊕ 23분 48초
대구	⊖ 4분 28초	⊕ 25분 32초
충주	⊖ 1분 40초	⊕ 28분 20초

춘천	⊖ 0분 56초	⊕ 29분 04초
대전(127° 25')	⊕ 0분 19초	⊕ 30분 19초
전주·천안	⊕ 1분 24초	⊕ 31분 24초
서울	⊕ 2분 05초	⊕ 32분 05초
광주	⊕ 2분 17초	⊕ 32분 17초
인천	⊕ 3분 32초	⊕ 33분 32초
제주	⊕ 3분 52초	⊕ 33분 52초
목포	⊕ 4분 26초	⊕ 34분 26초

- 야자시, 조자시를 구분하지 말고 일본 표준시의 경우 오늘 밤 11시 30분이 넘으면 다음날 일진(日辰)을 사용한다.
☞ 지역에 따라 다음날 일진으로 바뀌는 진시가 다른데 이는 위의 표를 참고한다.
- 서머타임이 시행된 해에 태어난 사람은 원래의 진시로 환산한다.
- 외국 태생은 현지시각을 적용한다.

* 生時를 모를 경우, 삼주(三柱)로 간명하되 인생 경로를 되짚어보면서 추정한다.
- 시주(時柱)를 제외한 삼주를 가지고 추리하되, 시주가 자식, 중년 이후의 부부관계와 가정생활, 앞으로 희망하는 사항이므로 이를 중점으로 해서 파악한다.

* 生時가 애매한 경우는 두 가지 시주를 함께 세워 놓고 추리하되, 두 시주 간에 차이나는 오행과 간지를 중점으로 해서 파악한다. 이에 따른 전공과 직업도 함께 고려한다.

* 대운이 정확하게 작성되었는지 확인한다.
- 대운이 정확하게 적혔는지 확인하는 방법은 5번째 대운 천간은 월간과 합이 되고, 6번째 대운 지지는 월지와 충이 된다.
- 천간과 합하는 대운은 주로 직장이나 사업 등 사회활동과 관련된 외부적인 일에 변화가 일어난다.

- 지지와 충되는 대운은 주로 가정이나 건강 등 개인사와 관련된 내부적인 일에 변화가 일어난다.

(2) 월지[계절], 일간(日干)과 일주(日柱)의 특성을 파악한다.

- 일간의 특성은 이 장 맨 뒤의 <궁(宮)과 성(星): 천간의 십성적(十星的) 특성>도 함께 참고한다.
- 일주의 특성은 지장간을 함께 고려하여 파악한다. ☞ 『정선명리학 천(天)』 제2장 4절 <육십갑자의 물상(物相)> 참고

甲	인자하다, 다른 사람의 지배·간섭 받는 것 싫어한다, 남의 말 잘 안 듣는다, 앞만 보고 달린다, 고집, 자존심, 자기가 통솔
乙	부드럽다, 생활력 강하다, 고난을 잘 견딘다, 외유내강, 실리에 밝고 현실적, 재테크, 다른 사람을 이용하거나 의지, 예술 감각, 차분
丙	성급하다, 싫증을 빨리 낸다, 거짓말 잘 못한다, 솔직 담백, 밝고 명랑, 적극적, 활동적, 예의 존중, 단순·명확·화끈·열정, 허세
丁	헌신·봉사·인도, 남의 입장을 배려, 원만하고 중정(中正), 부드럽고 조용한 듯하면서도 폭발적인 면, 문명(文明), 종교·예술성
戊	말과 표정변화가 적다, 과묵하고 언행이 신중, 성실하고 책임감 강하다, 중간 역할 잘한다, 믿음직, 외고집, 정중동(靜中動)
己	자애롭다, 어머니 품안처럼 감싸주는 포용력, 남을 먼저 생각, 부드럽고 조용, 자기 일에 충실, 온정·신의, 고집, 소극적·안정
庚	겉보기에는 냉정하나 내면에는 따뜻한 정, 결단이 빠르고 과감, 맺고 끊는 것이 확실, 천진·순박·우직, 동료의식, 의리 중시
辛	자신을 자랑하고 싶어 한다, 겉으로는 유약해보이지만 단단하고 야무지다, 자기주장이 강하다, 냉정, 의리·살기, 예민·섬세·깔끔
壬	능수능란한 수완, 뛰어난 순발력·환경적응력, 과감성, 지혜롭고 총명, 비밀 많다, 속마음을 알 수 없다, 사교성, 대인관계 탁월
癸	마음이 잘 변한다, 변화적응력 뛰어나다, 자칫하면 변덕스럽다, 임기응변, 지혜롭고 영리, 매사 조용히 노력, 순종적, 섬세

(3) 미약하거나 없는 오행(육신), 태과하거나 편중된 오행(육신)의 특성을 파악한다.

* <u>사주 원국의 가장 주된 특징을 가장 빠르게 파악하는 방법은 미약하거나 없는 오행과 육신, 태과하거나 편중된 오행과 육신을 파악하는 것이다.</u>
- 해당하는 오행과 육신은 해당 명주(命主)의 화두이며 운명의 열쇠이다.

<부족하거나 없는 오행과 육신의 특성>

부족하거나 없는 오행과 육신은
- 전생부터 인연이 없거나 인연이 약한 것이다.
- 해당 오행과 육신에 대해 집착을 가지고 끊임없이 희구(希求)한다.
- 목마른 사람이 샘을 파듯이 끝임없이 채우려는 특성이 있다.
- 해당 명주의 일생동안 화두이다. 그 사람의 취약점과 아픈 상처가 될 수 있다.
- 해당 오행과 육신에 대해 막무가내, 무조건식이 될 수 있다. 즉 해당 오행과 육신에 대해 편벽된 성품이 될 수 있다.
- 운명의 변수로 중요하게 작용한다.
- 제한된 조건, 주어진 틀 안에서 쓸 수밖에 없다.
- 해당 오행과 육신으로 인해 매사가 지연·지체되거나 애로사항이 나타난다.
- 해당 오장육부의 기능이 허약하거나 다른 장기에 영향을 미친다.
- 해당 오행과 육신을 생해주는 원신이 있는지 살핀다. 예를 들어 木行이 없는데 水行이 많을 경우 木行의 작용력이 있다고 본다.
- 없는 오행이나 육신이 지장간에 있으면 있는 것으로 간주한다. 그러나 마음 놓고 사용할 수 없으므로 제한적이다.
- 해당하는 육신의 자리[宮]도 참고한다. ☞ 이 장 맨 뒤의 <궁(宮)과 성(星): 천간의 십성적(十星的) 특성> 참고.
- 대운을 살펴본다. 대운에서 보충될 경우 작용력이 생긴다. 대운에서 지지로 오는지 뿌리가 없이 천간으로만 오는지 등의 상태도 파악한다.
- 부족한 것과 없는 것을 극복했을 때는 큰 장점으로 작용할 수 있다. 있는 사람보다 훨씬 더 두각을 나타내고 발전할 수 있다.
- 해당 오행이나 육신으로 인해 상대 오행과 육신에게 미치는 영향을 파악다.
- 水行이나 火行이 부족한 경우는 조후 상태(온도와 습도)를 파악하는 것이 급선무이다.

<태과하거나 혼잡한 오행과 육신의 특성>
- 전생부터 인연이 많은 것이다.
- 행동이나 성격에 강한 작용력으로 나타난다.
- 어쩔 수 없이 그 육신의 특성에 따라 가면서도 거부하거나 싫어한다.
- 태과한 육신은 喜用神이 아니더라도 버리거나 이길 수 없는 조건에 해당하므로 그 특성을 잘 파악하고 분석하여 통변한다. 예를 들어 나무가 많은 지역에서는 좋든 싫든 간에 어쩔 수 없이 나무로 집을 짓거나 나무를 이용한 사업을 하는 경우가 많다.
- 해당 육신에 관한 인연이 자주 바뀌거나 변화가 많다. 예를 들어 재성이 많으면 재물의 변화가 많거나 여자의 편력이 심하거나(남자) 사회적 활동 공간에 변화가 많다.
- 혼잡한 육신은 길신(吉神)도 흉신(凶神)으로 나타나기 쉽다.
- 해당 육신에 대한 가치관이 삐뚤어져 있어 감당하기 힘들고, 상대 육신을 파극(破剋)하거나 도기(盜氣)한다.
- 제화하는 육신운이 오면 단점이 변해서 장점으로 나타난다.
- 태과하거나 편중된 오행과 육신을 잘 극복하고 활용하면 오히려 그 육신의 능력을 빌려 잘 살 수 있는 지름길이 된다.

* 있어도 없는 것처럼 무력해진 오행과 육신, 없어도 있는 것처럼 보는 오행과 육신 파악한다.

<있어도 없는 것처럼 무력해진 오행과 육신>
- 공망, 合去, 冲이나 刑이 되어 크게 파극된 것.

<없어도 있는 것처럼 보는 오행과 육신>
[공협(拱挾)]
- 공협은 지지에 간격을 두지 않고 연이어 있을 때만 적용한다. 예를 들어 년지에 子가 있고 월지에 寅이 있을 때 子와 寅사이에 丑이 있는 것처럼 간주한다.
- 공협은 밖에서 일어나는 외부적 환경에 활발히 반응하거나 육신의 역할을 뚜렷하게 하지는 않지만, 내면에 잠재되어서 정신적인 작용을 한다.

[합화(合化) 오행]
- 합으로 끌어오는 것도 있다. 삼합에서 반합이 간격을 두지 않고 연이어 있으면 나머지 글자를 불러들이는 작용한다. 예를 들어 子辰이 있으면 申을 항상 끌어들어 없어도 있는 것처럼 작용한다.

(4) 비식재관인(比食財官印)의 계통을 파악한다.
- 비겁은 조직능력과 추진능력을 나타내고, 식상은 표현능력과 창의능력, 재성은 현장에서 뛰는 실천능력과 관리능력, 관성은 맡은 바 책임을 다하는 수행능력과 규범 준수능력, 인성은 계획능력과 설계능력을 나타낸다.

<육신의 기본특성>

비겁	식상	재성	관성	인성
귀인 동업 경쟁 분리	창조 거역(반발) 개발 생산	관리 돈 현실 유흥	직장(조직) 규칙 제도 안정	생각(사색) 계획 공부 종교
추진력 조직력	표현력 순수(식신) 다양(상관) 창의력 연구력 재테크	실천력 행동력(역마) 재물보관 (재물창고) 결실·성과 안정(정재) 모험(편재)	책임감 임무수행 관리능력 재물보호 (은행경비)	장래계획 준비능력 미래대비
주체적 자아·고집 독립적 경쟁적	양적(陽的) 능동적 자율적 적극적 진취적 개혁적		음적(陰的) 수동적 타율적 소극적 전통적 보수적	

- 육신이 그룹별로 어떻게 연결되어 있는지를 파악한다. 예를 들어 재성(財星)이 있으면 생해주는 식상(食傷)이 있는지, 이끌고 지켜주는 관성(官星)이 있는지를 파악한다(**精—氣—神**).

(5) 천간합과 지지의 계통별 특성(生旺庫, 삼합, 방국), 충과 형을 파악한다.

1) 지지(地支)의 생왕고(生旺庫)

① 生支(寅巳申亥) - 활동성

생지(生支)라는 의미는 크게 둘로 구분할 수 있다. 하나는 계절적인 관점(方局)에서 그 계절의 시작을 말한다. 이것은 인묘진(寅卯辰)에서 인(寅)은 봄의 시작으로서 생지(生支)의 의미를 갖는다.

또 하나는 기(氣)의 흐름(三合)에 의한 관점이다. 인목(寅木)을 인오술(寅午戌) 화국(火局)에서 병화(丙火)의 생지(生支)가 된다. 그러므로 현실에 안주하지 않고 미래의 화(火)를 위해 분주히 움직이는 모습이 된다. 이러한 모습 때문에 생지(生支)를 역마(驛馬)라 부르게 되는 것이다. 다른 생지도 마찬가지로 생각하면 된다.

양간의 기운만 있다, 즉 甲丙戊庚壬만 있어 활동적이고 적극적이다. 시작, 개척, 창조, 개혁적이다.

② 旺支(子午卯酉) - 전문성

자신의 순수한 기운만을 갖게 된다. 이러한 성향은 자신을 중심으로 주변의 기운을 끌어들이는 것이 되어 도화(桃花)라고 표현하는 것이다. 다른 오행으로 변하지 않는다. 다른 오행을 끌어들여서 합을 한다. 다른 오행을 잘 생하지 않는다. 배짱이 있고 주관과 개성이 뚜렷하다. 적극적, 독선적, 자기중심적이다.

③ 庫支(辰戌丑未) - 종교성

고지(庫支)는 지나온 화려한 시절에 대한 회상, 또는 근원에 대한 원리 뿌리를 찾고자 하는 성향을 갖게 된다. 이러한 성향을 화개(華蓋)라고 표현하는 것이다. 따라서 침착, 고정, 정지, 저장을 의미한다. 기억력이 좋고 과거를 잘 기억한다, 활동이 음적이다.

2) 지지충(地支冲)

- 충(衝·沖)하면 움직인다(動). 그러므로 지지충은 이동, 분리, 변동, 파괴 등을 의미한다. 기본적으로 지지충은 기반·터전의 붕괴이므로 갑작스런 사고·사업부도·질병·수술·사별·살상·관재송사 등으로 파란이 따르는 경우가 많다.
- 천간충과 마찬가지로 지지도 충하면 갑자기, 뜻밖에 움직이게 되는 일이 생긴다(이사, 이직, 사직, 유학, 이민, 별거, 이혼 등). 갑작스런 변동으로 인해 혼란이 야기되고 뜻밖의 사건·사고가 생길 수 있으므로 충되는 운에서는 매우 신중하고 조심스럽게 처신해야 한다. 운에서 와서 충이 되면 운의 육신이나 물상과 관련된 것이 원인 제공자이다.

① 寅申·巳亥충(생지충)

관재(官災)·교통사고, 주거·직업변동 많다. 소득 없이 바쁘다. 형권·병권·숙살지권을 갖는 직업(군인·경찰·법관·의사·약사)에 인연이 많다.

② 子午·卯酉충(왕지충)

도화(桃花)충, 주색(酒色)으로 재앙, 바람기로 인한 남녀 간의 애정 갈등.

③ 辰戌·丑未충(朋沖)

친구·형제간에 재산분쟁·배신·사기, 토지에 관련된 관재구설(官災口舌)·송사(訟事) 다툼.

3) 지지형(地支刑)

寅巳申 / 丑戌未 / 子卯 / 辰午酉亥

삼합에다 방국을 더해서 취한 것으로 亥卯未 木局에 亥子丑 北方을 더하면 亥와 亥, 卯와 子, 未와 丑이 刑이 되고, 申子辰 水局에 寅卯辰 東方을 더하면 申과 寅, 子와 卯, 辰과 辰이 刑이되며, 寅午戌 火局에다 巳午未 南方을 더하면 寅과 巳, 午와 午, 戌과 未가 刑이 되고, 巳酉丑 金局에 申酉戌 西方을 더하면 巳와 申, 酉와 酉, 丑과 戌이 刑이 된다.

丑未,와 寅申이 相沖에 속하는 것을 제외하면 寅巳, 巳申, 丑戌, 戌未는 삼형(三刑)이 되고 子卯는 상형(相刑)이 되고 辰午酉亥는 자형(自刑)이 된다.

그러나 그 이치를 생각해 볼 때, 木局에다 水方을 더하거나 水局에 木方을 더하면 상생(相生)이 되는데 어찌 상형(相刑)이 되는가? 그러나 자형 외에는 실제 통변에서 유력하게 적용이 된다.

① 寅巳申 삼형

역마살, 매사 속전속결, 성급하게 덤벼들었다가 후회, 실속 없이 동분서주, 교통사고

② 丑戌未 삼형

붕형(朋刑), 형제·친구·동료에게 배신·사기, 부동산으로 사기·송사

③ 子卯형

남녀 간의 애정문제, 자식문제, 생식기 질환

④ 辰辰, 午午, 酉酉, 亥亥 자형

남에게 말 못할 고민거리 많다, 양자택일의 갈등, 전지살(轉止殺)과 비슷

4) 삼합(三合)과 방국(方局)

- 예를 들면 亥未는 가합(假合)이라 그 작용력이 매우 약하지만, 천간에 卯木과 동일한 오행인 乙木이 투출하였다면 이는 亥卯未 삼합에 버금가는 합력(合力)이 작용한다. 그리고 卯未만 있는 데 운에서 나머지 亥水가 들어오면 그 운 동안에는 亥卯未 삼합이 온전하게 작용한다. 즉 반합이 있는데 나머지 하나가 운에서 들어오면 그 운 동안에 삼합이 그대로 작용한다.
- 寅卯辰이 모두 있으면 동방목국(東方木局)을 형성하는데, 寅월에 태어나고 3支를 보면 모두 甲木으로 논하고, 卯월에 태어나고 3支를 보면 모두 乙木으로 논하며, 辰월에 태어나면 寅과 卯의 세력 중에서 누가 더 강한가를 봐서 甲木이나 乙木 여부를 판별한다. 그 나머지 예도 이에 준한다.

  예를 들어 戊일간이 寅卯辰 모두가 있는데 寅월에 태어나면 모두 갑목 편관(偏官)으로 논하고, 卯월에 태어나면 모두 을목 정관(正官)으로 논하며, 辰월에 태어나면 寅과 卯의 세력 중에서 누가 더 강한가를 봐서 정관이나 편관 여부를 판별한다.

- 방합은 동기(친구) 간의 합이므로 결집력은 혈육관계인 삼합에 비해 약하나, 합의 규모는 삼합보다 크다. 즉 각 지지끼리 결속하려는 합력은 삼합이 강하고, 합한 오행의 세력 범위는 방합이 더 강하다.
- 삼합은 오행의 특성이 바뀌지만 방국은 오행의 특성이 유지된다.(Ex. 寅과 戌은 삼합이 될 경우 목과 토의 성질을 버리고 화로 변하지만, 寅卯辰목방국이나 申酉戌금방국이 될 경우에는 본래의 성질을 유지한다)
- 일간이 방합이나 삼합의 합된 기운을 감당할 능력이 있다면 큰 명성을 얻을 수 있다. 그럴 경우 방합이나 삼합이 지지에 형성하는 세력이 비겁이면 정치인, 식상이면 연구인·예술인, 재성이면 경제인·금융인, 관성이면 권력관료(법관·검경·군인), 인성이면 교육자·학자로서 성공할 수 있다.
- 격(格)이 삼합이나 방합을 이루면 격의 규모가 더욱 커진다. 즉 격국(格局)이 된다.

(6) 일간과 다른 간지의 통근(通根)과 투간(透干) 여부를 파악한다.

- 통근과 투간은 상대적인 개념이다.   ☞ 개두(蓋頭)와 절각(截脚)
- 일간을 비롯한 천간은 지지에 뿌리를 내려 기반에 힘이 있어야 제 역할을 할 수 있으면 그렇지 않으면 주위 세력에 어쩔 수 없이 휩쓸리는 현상이 나타난다.
  지지도 천간에 투출하여야 사회적 활동을 효율적으로 할 수 있다.
- 육신의 해석은 천간을 위주로 파악하고, 지지는 해당 육신의 뿌리 역할을 한다. 지지에 뿌리가 없는 육신은 뜬 구름이고 부평초(浮萍草)이다. 따라서 부침이 심하며 변화가 많고 쉽게 사라질 수 있다.
- 일간(日干)의 통근 여부를 살피는 것은 격국과 억부를 해석함에 있어 매우 중요하다. 다른 육신도 그 통근 여부를 살펴야 한다. 통근에도 그 힘의 강약(强弱) 차이는 있다.
  첫째는 자리(宮)이다. 일간의 경우 월지(月支)에 통근하는 것이 그 힘이 가장 안정되고 강하며, 그 다음은 앉은 자리인 일지(日支)이고, 시지(時支), 연지(年支) 순이다.
  다른 육신의 경우도 月支에 통근하는 것이 그 힘이 가장 안정되고 강하며,

그 다음은 앉은 자리(宮)이고, 가까운 자리 순이다. 예를 들어 年干의 자리에 따른 통근력(通根力)은 월지→연지→일지→시지 순이다.

둘째는 지지의 특성이다. 같은 자리(宮)에 통근했더라도 그 자리에 어떤 지지가 있는가에 따라서도 통근력이 달라진다. 예를 들어 丙火나 丁火가 월지에 통근했더라도 巳午火에 통근하는 경우와 寅木에 통근하는 경우와 戌未에 통근하는 경우가 각기 그 통근하는 힘이 다르다.

(7) 사주의 격국용신(格局用神, 짜임새·쓰임새)을 파악한다.

* 격(格)이란 그 사주를 대표하는 가장 힘 있는 육신이다. 즉 월지(月支)를 중심으로 사주 전체에서 상대적으로 가장 기운과 세력이 강한 육신(六神)이 그 사주의 격이다. 여기에 격이 천간에 투출하고 지지에서 삼합이나 방국을 이루면 격국(格局)이 되어 사주 그릇이 커진다.
- 격국용신은 해당사주의 사회성, 전공, 직업, 사회활동을 파악하고 사주그릇의 크기를 파악하는데 가장 유용하다. 특히 학생들의 진로와 적성을 비롯한 진학 상담시 중요하게 활용할 수 있다.
- 두 가지 격에 같이 해당하는 이중격(二重格)이라면 이중격의 특성을 파악하고 분석하여 사회활동에 나타나는 선후를 구분한다.
- 격이 불분명하거나 대세를 이룬 육신이 없다면, 전공·직업·사회활동에 변화가 많다. 이 경우 官印局, 食傷局 등으로 대세를 이룬 오행 그룹으로 단순화시켜 파악하고 분석한다.

<격국과 격국용신>

① 정재격·편재격: 식신·상관, 관성
② 정관격: 재성(일간이 강하면), 인성(일간이 약하거나 상관이 있으면)
③ 정인격: 관성, 비견
④ 식신격: 재성, 정관

---

① 칠살격: 식신제살(食神制殺), 살인상생(殺印相生)
　　　　양인합살(羊刃合殺, 양일간), 상관합살(傷官合殺, 음일간)
② 상관격: 상관패인(傷官佩印), 상관생재(傷官生財)

合化(양일간은 **편인**, 음일간은 **편관**)
③ 편인격: 재성
④ 양인격: 관성, 식상(재성)
⑤ 월겁격: 관성, 식상(재성)
⑥ 건록격: 관성, 식상(재성)

간송 전형필

그가 지켜낸 것은 고가의 예술품이 아닌 우리의 민족혼입니다.

2. 사주 간명시 참고사항

(1) 사주 주인공의 성격 형성과 행동 특성에 영향을 주는 요소

① 일간의 특성
② 일간의 강약
③ 월지를 사령한 육신 ⇒ 격국
④ 사주의 전반적인 기세를 장악하고 있는 육신 ⇒ 격국
⑤ 용신(用神: 억부·격국·조후) ⇒ 내가 개인적·가정적·사회적 희망을 갖고 긍정적으로 지향하는 육신
⑥ 편중·태과하거나 혼잡한 육신 ⇒ 내가 어쩔 수 없이 강제적·부정적으로 영향받는 육신

* 편중·태과하거나 혼잡한 육신의 기준
사주 중에 같은 종류의 육신이 3개 이상 있거나,
정편(正偏)이 섞여 있으면서 다른 육신에 비해 지나치게 강한 경우
☞ 정성도 편중·태과하면 편성으로 작용하고, 편성도 하나만 있고 제화되면 정성으로 작용한다.

* 육신이 편중되거나 혼잡되더라도 제화(制化)가 되면 부정적 특성이 순화된다.
Ex) 사주에 식신·상관이 많은데 강한 인성이 있거나(일간이 신약해도 된다) 재성으로 설기하는 경우(일간이 신강해야 된다).

(2) 천간 해석시 참고사항

1. 통근(通根)
* 천간이 제 역할을 하기 위해서는 반드시 통근하여야 한다.
* 통근하지 못한 천간은 뜬구름과 같다.
* 통근의 위치(月日時年)와 지지의 계통별[生支, 旺支, 庫支] 특성도 함께 살펴야 한다.

2. 합(合)
* 합에 따른 작용력(변한다, 묶인다, 생산한다)의 변화를 잘 살핀다.
* 합화(合化)된 화기오행(化氣五行)의 해석과 육신(六神)을 해석에 유의한다.
* 작용력은 통근 상태와 오행의 세력에 따른 변수를 살펴야 한다.
* 투합(妬合)이나 쟁합(爭合)에 따른 변화를 고려한다.

* 합화(合化)하거나 종(從)하는 조건
1) 종(從)하는 오행의 계절이거나 합화하는 화기오행(化氣五行)의 계절이어야 한다.
2) 지지에 방국(方局)이나 삼합(三合) 등의 세력을 가지고 있어야 한다.
3) 종(從)하는[화기 化氣] 오행이 천간에 투출되어야 한다.
4) 거스르는 오행이 없어야 한다. 거스른다는 말은 상극관계를 말함.
5) 일간이 무근(無根)하여야 하여 생조(生助)하는 오행이 없어야 한다.

3. 혼잡(混雜) 및 편중(偏重)
- 육신의 혼잡은 기본적으로 천간(天干)에서 파악하며, 지지는 천간의 뿌리로 작용한다. 예를 들어, 비견과 겁재는 일간의 財(활동공간)를 분탈할 가능성이 있으나, 건록과 양인은 일간의 확실한 뿌리가 된다.
- 행운(行運)에 따른 혼잡과 합거(合去) 또는 충거(沖去)를 잘 살핀다.

(3) 지지 해석시 참고사항

1. 월지. 월령[사령]

사주에서의 월지 파악은 아무리 강조해도 지나치지 않다. 月支는 계절과 기후와 세력의 본거지로서 木의 계절인지 金의 계절인지는 세력을 판별하는 기준이 되는 것이다. 즉 寅卯辰은 木의 계절로서 상대적으로 金이 약해진다는 등을 염두에 두고 다른 오행을 살펴야 한다.

2. 투간(透干)

* 통근의 상대적 개념으로 지지가 간직하고 가지고 있는 천간이 나와 있는 것, 예를 들어 寅木은 천간의 기운을 戊, 丙, 甲을 가졌는데 이들이 천간에 나온 경우.
* 지장간이 투간된 지지는 역할이 분명하고, 그 천간 쪽으로 마음이 쏠리거나 힘껏 밀어준다. 예를 들어 丙寅의 경우 寅중의 丙火가 투간되었으므로 寅木은 완전히 火쪽으로 밀어주고 있어 木의 기운은 약해졌다고 봐도 된다.
* 子午卯酉를 제외한 지지는 투간이 되지 않을 경우 언제 어떻게 변할지 모른다. 그러므로 투간된 지지와 투간되지 않은 지지는 엄청난 차이가 있다.

3. 방향(方向)

* 지지에서는 자리 못지않게 방향 역시 중요하다. 예를 들어 申子辰 삼합을 할 경우에 중심세력인 子水가 어느 위치에 있으면서 합을 했는지에 따라 물의 양도 틀려지지만 명주(命主)의 사회활동 및 생각하는 것도 틀려진다.
* 방향은 충(冲)도 마찬가지로 寅申충을 할 경우에도 충의 위치와 극(剋)하는 방향에 따른 해석이 틀려진다. 즉 일지 申金이 월지 寅木을 충할 경우에는 집안의 처나 자식 등의 가정 일로 인하여 사회활동에 지장을 초래하게 된다고 봐야하며, 월지 申金이 일지 寅木을 충할경우에는 명예나 출세를 위한 사회활동에 의해 가정을 희생시키는 경우가 된다.

또한 연지 申金이 월지 寅木을 충할 경우에는 조상과 가문의 내력 또는 학벌 등에 의해 자신의 사회활동에 지장을 초래하는 것으로 해석할 수 있다.

4. 강약(强弱)과 통관(通關)

충을 할 경우에 강한 것이 약한 것을 충했는지, 혹은 약한 것이 강한 것을 충했는지를 잘 살펴야 한다. 또한 충하는 오행을 중재해주는 오행이 있는지도 살펴야 한다.

(4) 대운 해석시 참고사항

- 첫 번째 대운은 그 사람의 평생 고민이고 화두이다.
- 5번째 천간대운은 사주원국의 月干과 합해서(合氣大運) 변하고 묶인다. 합해서 化氣오행이 생긴다. 직장·사업 등 주로 사회적인 일에 많은 변화가 일어난다.(월간은 격국과 관련되므로) 월간이 원국에서 좋은 역할을 하고 있다면 사회활동이 지체되고, 좋지 않은 역할을 하고 있다면 의외의 발전이 있다.
- 6번째 지지대운은 月支와 沖한다. 건강문제, 가정문제
- 앞으로 오는 운은 그 사람의 희망사항: 직업 선택, 이름·상호 작명시 반영해라.
- 막 지나간 대운은 싫어한다.(원망·증오의 대상)

<용신운>
- 조후 용신운: 건강과 부부관계 좋아진다. 마음이 느긋해지므로 게을러지고 의욕이 약해진다.
- 억부 용신운: 개인·가정적으로는 좋지만 사회적인 일이 잘 안 풀린다. 직업·사업상의 갈등
- 격국 용신운: 사회적 활동이 왕성해진다. 사회적 명예가 좋아진다. 가정에 소홀해진다.

<대운의 작용>
- 격국이 바뀔 수 있다. Ex. 가격(假格)이 대운에 의해 성격(成格) 또는 파격(破格)
- 편중되거나 혼잡한 육신에 해당하는 운이 오면 더욱 문제이다.
- 통근(通根)하지 못한 천간이 통근할 수 있다.

- 원국에 없는 글자가 와서 영향력을 행사한다.

<辰戌丑未의 전환 대운>
- 계절이 바뀐다(환절기)
- 인생의 전환점·갈림길(결혼, 이혼, 직업변동, 업종변경, 직장변경, 이민, 기존 것을 정리하고 새롭게 출발, 건물 신축 …)
- 인터체인지에 들어가고, 돌고, 나오는 운
- 복잡하게 얽히고설킨다. 마음이 급해진다. Ex 인터체인지 들어갈 때 차가 밀리고 복잡하다.
* 여유 있게 시간을 잡고 일을 처리해라. 절대 서두르지 마라.
* 인터체인지에서는 크게 한 바퀴 돌기 때문에 천천히 가지 않으면 위험하다.
* 좋은 운으로 갈 때는 남의 말을 듣지 말고 자기의 소신·계획대로 추진해라.
* 나쁜 운으로 갈 때는 절대 서두르지 말고 여유를 갖고 신중하게 처리해라.
* 전환점이 되는 보다 구체적인 시기는 대운 안의 세운을 살펴서 판단한다.
* 순행(順行)운에서는 접목대운 말(末) 전후, 역행(逆行)운에서는 접목대운 초(初) 전후가 구체적인 전환점이다.

<辰戌丑未대운 해석>

① 순행운: 辰戌丑未대운 말년(末年) 전후
38 28 18 8
庚 己 戊 丁
申 **未** 午 巳   *37세 전후(36~38세)

② 역행운: 辰戌丑未대운 시년(始年)전후
33 23 13 3
壬 癸 甲 乙
子 **丑** 寅 卯   *23세 전후(22~24세)

(5) 자리[宮] 해석시 참고사항

◉ 천간과 지지
* 天干: 정신-심리-추상적-격국-사회적-외부적-드러난 것
* 地支: 육체-물질-현실적-억부-개인적-내부적-숨겨진 것

◉ 연월과 일시
* 年月=천간: 과거 – 陽 – 上 – 사회적 – 대외적 – 公的
* 日時=지지: 미래 – 陰 – 下 – 가정적 – 대내적 – 私的
☞ 격국용신이 연에 있으면 활동무대가 국제, 시에 있으면 동네
  억부·조후용신이 연에 있으면 조상의 음덕이 있고, 부모의 좋은 배경이 있다.

◉ 육친　　　과거　　　현대
* 年柱: 根 – 조상 – 　부모 – 회장, 사장, 주인, 스승, 후원자
* 月柱: 苗 – 부모 – 　형제 – 직속상관, 라이벌, 선배
* 日柱: 花 – 부부·형제 – 부부 – 동료, 심복, 참모, 동반자, 私조직
* 時柱: 實 – 자손 – 　자식 – 부하, 종업원, 제자, 신도, 후배

◉ 시간
* 年柱: 소년기 – 과거·전생 – 집안 내력 – 오래된 일
* 月柱: 청년기 – 현재 – 나의 역사 – 근래의 일
* 日柱: 중년기 – 현실 – 현재 상황 – 현재 진행 중인 일
* 時柱: 노년기 – 미래 – 미래 계획 – 희망사항·기대·꿈
☞ 예를 들어 은퇴 후 귀향생활하고 싶다고 말하는 사람의 꿈은 시주에 담겨 있다.
☞ 결혼 전 청년기에는 연주와 월주의 영향을 가장 많이 받으며, 결혼하고 나서 40대 이후가 되면 일주의 영향을 많이 받고, 60대 이후말년에는 시주의 영향을 많이 받는다.

◉ 공간

개인적 공간	사회적 활동공간
* 年支: 고향, 음택	* 年柱: 회사 전체
* 月支: 태생지, 생활공간, 양택	* 月柱: 근무 부서
* 日支: 현재 사용하는 장소,	* 日柱: 내 자리
* 時支: 나만의 공간, 비밀 공간	* 時柱: 가고 싶은 자리

◉ 사건

* 年柱: 국가적인 일
* 月柱: 사회적인 일
* 日柱: 개인적인 일
* 時柱: 비밀스런 일

◉ 육신

(年干) 편재　　　　— (年支) 정인
(月干) 식신(표현궁) — (月支) 정관
　　　　편관　　　　—　　　　겁재
(日干) 자기　　　　— (日支) 정재
(時干) 편인(고독궁) — (時支) 상관

<궁(宮)과 성(星): 천간의 십성적(十星的) 특성>

시	일	월	연
戊 편인(종교) 고독-신비	庚 비견(나) 고집-주체	壬 식신 외곬-표현 丙 편관 억압-권위	甲 편재(부친) 독재-통제
癸 상관(자식) 경솔-재치	乙 정재(배우자) 집착-치밀	丁 정관(法) 부담-합리 辛 겁재(형제) 시기-경쟁	己 정인(모친) 나태-자애

출처: 河建忠, 『八字心理推命學』(臺北: 龍吟文化事業股份有限公司, 1994), 204~208쪽.

3. 쌍생아(雙生兒)·동일사주 간명법

허균(許筠, 1569-1618)[8]은 자신의 사주가 해안(海眼)이란 중의 사주와 같음을 알고서 두 사람이 살아온 인생역정을 비교해보니 그 영화와 고생, 빈궁과 영달이 서로 달랐다. 그래서 평소에도 사주와 운명을 믿지 않았지만 앞으로 더욱 그래야겠다고 했다.[9]

그러면서도 한편 허균은 술가(術家)의 사주풀이대로 자신이 살아오고 있음을 깨닫고서는 마침내 사주명리를 기이하다고 여기게 되었다. 사주명리에 대한 허균의 이런 인식이 언뜻 모순되게 비춰질지는 모르지만 대부분 현대 사람들이 자신의 사주와 운명을 대면하는 이중행태적·양가감정적인 모습과 유사하다.

같은 사주이면서도 운명이 같지 않은 것에 대해서는 명대(明代) 초 유백온이 지은 『적천수(滴天髓)』의 원주(原注)에서는 생시(生時)의 선후(先後), 산천(山川)과 세덕(世德)[10]의 차이 등을 같이 궁리해야 한다고 하였다. 즉, 같은 연월일에 태어난 사람이라도 각기 다르게 응하는 것은 마땅히 생시의 선후를 궁구해야 하고, 또 산천과 세덕의 차이를 논해야 한다. 그러면 열이면 아홉은 징험한다. 그중에 징험하지 않은 경우는 단지 이쪽에는 관직이 있는데 저쪽에는 자식이 많고, 이쪽에는 재물이 많은데 저쪽에는 처가 아름다운 것에 불과한 작은 차이뿐이다.[11]

산천의 차이라 함은 단지 동서남북만이 다른 것이 아니므로 마땅히 분별하여야 한다. 곧 한 고을의 한 집안이라도 풍성기습(風聲氣習)이 모두 같을 수 없는 것이다. 세덕의 차이라 함은 단지 부귀빈천만이 다른 것이 절대 아니므로 마땅히 분별하여야 한다. 곧 같은 집안, 같은 집이라도 선악사정(善惡邪正)이 모두 같을 수는 없는 것이다. 그러므로 학자가 이를 살피면 그 성함과 쇠함을 알 수 있다.[12]

---

8) 시문(詩文)에 뛰어난 천재 여류시인 허난설헌의 동생이며, 조선 중기 문인이자 정치가이다. 최초의 한글소설로 조선사회 모순을 비판한 『홍길동전』을 썼다.
9) 許筠, 『惺所覆瓿稿』 권5 「文部」 2 <送釋海眼還山序>.
10) 가문에서 여러 대에 걸쳐 쌓아온 덕.
11) 남성 사주명조인 건명(乾命)에서는 관성(官星)이 벼슬과 자식을 같이 의미하고, 재성(財星)은 재물과 여자를 같이 의미한다.

중화민국 원수산(袁樹珊)은 『명리탐원(命理探原)』(1915)에서 서계영(舒繼英)의 『건원비지(乾元秘旨)』 내용을 인용하며 한 모친에게서 동시에 태어난 쌍생(雙生)의 간명에 관해 언술하길, "쌍둥이 명의 구별은 명주(命主, 일간)가 태왕하면 작은애가 뛰어나고, 명주가 태약하면 큰애가 뛰어나고, 명주가 왕하지도 약하지도 않으면 큰애와 작은애가 대략 같다."13)고 하였다.

명대 만민영(萬民英)은 『삼명통회(三命通會)』에서 쌍둥이의 간명에 관해 여러 문헌자료를 인용하면서 보다 자세하게 언술하였다. 모친이나 아이의 사주에 寅申巳亥의 생지가 많으면 쌍둥이가 많은데, 그중에서도 특히 亥가 많으면 남자 쌍둥이를 낳고 巳가 많으면 여자 쌍둥이를 낳으며, 일주(日主)의 강약, 생일시의 음양, 생시의 전후 등으로써 살피면 쌍둥이인 형과 아우의 빈부귀천과 요수의 차이를 알 수 있다고 하였다.

"女命에서 寅申巳亥가 많으면 쌍둥이를 주로 낳는데, 그중에서도 특히 亥가 많으면 남자 쌍둥이를 낳고, 巳가 많으면 여자 쌍둥이를 낳는다."14)

""우연히 동시에 한 엄마에게서 태어나면 어떻게 그 귀천과 영고(榮枯)를 구별합니까?"하고 물으니 대답하길, "무릇 1시에는 8각 12분이 있어서 (그 시각의) 심천(深淺)과 전후(前後)가 있으므로 길흉이 똑같지는 않다. 동시에 한 엄마에게서 태어나면 반드시 그 시각의 심천과 日時의 음양을 분별해야 한다. 만약 陽 일시면 형이 뛰어나고 陰 일시면 아우가 뛰어나다. 시각이 얕으면 先時의 기운을 차지하고, 깊으

---

12) 劉伯溫 저, 任鐵樵 증주, 袁樹珊 찬집, 『滴天髓闡微』(臺北: 武陵出版有限公司, 1997), 133~134쪽, <生時>, "至同年月日而百人各一應者, 當究其時之先後, 又論山川之異, 世德之殊, 十有九驗. 其有不驗者, 不過此則有官, 彼則多子, 此則多財, 彼則妻美, 爲小異耳. 夫山川之異, 不惟東西南北, 逈乎不同者, 宜辨之. 卽一邑一家, 而風聲氣習, 不能一律也. 世德之殊, 不惟富貴貧賤, 絶乎不侔者, 宜辨之. 卽同門共戶, 而善惡邪正, 不能盡齊也. 學者察此, 可以知其興替矣."
13) 袁樹珊, 『命理探原』(臺北: 武陵出版有限公司, 1996), 303쪽, "錢塘舒繼英乾元秘旨云. 雙生之別. 命主太旺, 幼者勝. 命主太弱, 長者勝. 命主不旺不弱, 長幼略同."
14) 萬民英, 『三命會通』 권7 <論女命>, "凡女命, 帶寅申巳亥多者 主雙生, 亥字多者 雙生男, 巳字多者 雙生女."

면 後時의 기운을 차지한다."한다. 옛 시가에서 이르길, "쌍생을 보는 법은 기문(奇門)에도 있다. 그 영고를 증험하고자 한다면 日辰을 봐야 한다. 陰日이면 아우가 강하고 형은 반드시 약하다. 陽時면 형이 귀하고 아우는 반드시 가난하다."고 한다. 이구만(李九萬)이 말하길, "小兒의 명에 四生(寅申巳亥)이 많으면 주로 쌍둥이다."라고 한다. 「신백경(神白經)』에서 말하길, "陽命이면 아우가 죽고, 陰命이면 형이 죽는데, 남녀로써 논하지는 않는다. 또 일설에 같은 시라도 방향을 구분해야 한다. 만약 木命이 동방을 향하면 생기를 받고, 서방을 향하면 극기를 받는데, 귀천과 壽夭가 이렇게 구별된다. 내가 들으니, 삼하의 왕씨 형제가 쌍둥이인데 아우가 먼저 급제하고 형은 나중에 급제했으며 功名과 壽夭가 대략 비슷했으나 끝내 형이 아우만 못했다. 영주의 이씨 형제도 한시[一時] 차이로 쌍둥이다. 그래서 아우는 우수하게 급제를 했으나 형은 단지 선비에만 그쳤다. 그들 팔자의 일시를 살펴보니 과연 앞의 설들과 같았다."고 한다."15)

<박재완의 환혼동각론>
― 1990년 4월 29일자 ≪한국경제신문≫ 대담자료

사람의 길흉화복은 생년월일시에 따라서 결정되나 환혼동각(幻魂動覺)의 4가지 요인도 함께 작용한다(사주 + 환혼동각 ⇒ 길흉화복 결정). 그러므로 사주 이외에 환혼동각도 고려해야 된다.

환(幻, 변할 환)은 한날한시에 태어났더라도 짐승이냐 사람이냐에 따라 길흉은 사람한테만 해당한다. 사람으로 태어났다는 것이 철학의 주제가 된다.

혼(魂, 넋 혼)은 조상에 관한 것이다. 어떤 사람이든지 그 전신은 아버지이고

---

15) 萬民英, 『三命通會』 권7 <論小兒>, "或問, 偶然同産一母所生, 何以別貴賤榮枯. 答曰, 凡一時有八刻十二分, 故有淺深前後吉凶不同. 其有同時一母所生, 須分淺深, 及日時之陰陽. 如陽日時兄勝, 陰日時弟勝. 淺則占先時之氣, 深則占後時之氣. 古歌云, 雙生之法有奇門, 欲驗榮枯視日辰, 陰日弟强兄必弱, 陽時兄貴弟須貧. 李九萬云, 凡小兒帶四生, 多主雙生. 神白經云, 陽命後生者死, 陰命先生者死, 不以男女論. 又一說, 一時分方向, 如木命向東方者受生氣, 向西方者受剋氣, 貴賤壽夭, 以是別之. 余聞三河王氏兄弟雙生, 弟先中, 兄後中. 功名壽夭, 大率相似, 而兄竟不如弟. 穎州李氏兄弟雙生, 因差一時. 故弟登甲科, 兄止秀才. 考其八字日時, 果如前說."

그 앞의 전신은 할아버지로서 쭈욱 이어진다. 그래서 그 조상이 좋은 일을 했으면 그 자손이 복을 받게 되고 그 조상이 고약한 일만 많이 했다면 그 후손이 잘 되기를 바랄 수 없다.

동(動, 움직일 동)은 국가가 있은 연후에 백성이 있다는 말이다. 어떤 세상에 태어나느냐가 중요하다.

각(覺, 깨달을 각)은 본인의 깨달음을 말한다. 본인이 어떻게 행동하느냐가 중요하다.

그러므로 똑같은 사주를 타고나더라도 각자의 운명이 달라지는 것은 환혼동각이 다 다르기 때문이다. 환혼동각이 좋으면 타고난 사주가 좀 부족하더라도 씻어 줄 것이고 환혼동각이 나쁘면 사주가 좀 좋더라도 복을 받는 것이 줄어든다.

<쌍생아 간명법>

① 사주팔자의 합(合)으로 보거나 대운의 순역(順逆)으로 보는 간명법은 타고난 고유의 사주팔자를 변경하는 것이므로 사주명리의 이치상 올바르지 않다.

② 형·언니는 본래의 시로 보고, 동생은 다음의 시로 본다
― 기문둔갑 (예: 본래 壬子시라면 동생은 癸丑시로 간명)

③ 신약하면 형·언니를 좀 더 좋게, 신강하면 동생을 좀 더 좋게 해석한다
― 고전 방법

④ 시지의 지장간에서 동생은 초기, 형·언니는 본기를 위주 ― 박재완 선생

⑤ 형·언니는 시간(時干)을 위주로, 동생은 시지(時支)를 위주로 간명한다
― **시주(時柱)간명법(김만태)**

세 쌍둥이 경우는 첫째는 시간(時干), 둘째는 시지(時支)의 지장간(支藏干)에서 초기(初氣), 셋째는 본기(本氣)를 위주로 간명.
네 쌍둥이 경우는 첫째는 시간(時干), 둘째는 시지(時支)의 지장간(支藏干)에서 초기(初氣), 셋째는 중기(中氣), 넷째는 본기(本氣)를 위주로 간명.
다섯 쌍둥이라면 시주(時柱)가 바뀔 가능성이 거의 확실하니 달라진 시(時)로 간명. 시주간명법은 여섯 쌍둥이 이상까지도 적용할 수 있으면서

명리학의 이치를 위배하지 않는 올바른 쌍둥이 간명법이다.

> 쌍둥이 사주, 동일 사주를 포함한 모든 사주의 해석에 있어서는 반드시 <인생 진로의 영향 요인>과 <천지인 삼원과 운명의 영향 관계>에서 해석해야만 보다 정확한 운명 해석이 가능하다. ☞『정선명리학 천(天)』1장 참고

庚 壬 丙 甲   <곤명> 쌍생아 1974년생
子 子 子 寅

80 70 60 50 40 30 20 10
戊 己 庚 辛 壬 癸 甲 乙
辰 巳 午 未 申 酉 戌 亥

언니: 대구에서 고아원에 위탁된 뒤 미국으로 입양 후, 현재 미국에서 심리학
  전공 대학교수, 미국인과 결혼생활 원만
동생: 언니와 똑같이 고아원에 위탁, 현재 대구에서 무속인, 이혼

丁 乙 辛 癸   <곤명> 쌍생아 1953년생
亥 亥 酉 巳

76 66 56 46 36 26 16 6
己 戊 丁 丙 乙 甲 癸 壬
巳 辰 卯 寅 丑 子 亥 戌

申酉 관성 공망, 언니는 남편의 바람기로 늘 고민이다.
언니(時干): 공부X, 재산◎, 남편과 X, 부동산 투기·증권◎
동생(時支): 공부○, 재산X, 남편과 ○, 부동산 투기·증권X
언니는 식신 丁火가 생재(生財)를 해주고, 동생은 인성 亥가 왕하지만 활용은 어렵다.
언니는 식신제살(食神制殺)로서 남편과 관계가 소원하고
동생는 살인상생(殺引相生)이라 남편과 관계가 원만하다.

癸 癸 己 己 <곤명> 쌍생아 1979년생
亥 酉 巳 未

80 70 60 50 40 30 20 10
丁 丙 乙 甲 癸 壬 辛 庚
丑 子 亥 戌 酉 申 未 午

남해 출생, 고향에서 고등학교를 마쳤다. 대학은 둘다 부산으로 갔는데
언니 : 중퇴, 25세 득녀, 30세 결혼식, 31세 득남, 남해 거주, 가정주부, 미용사 자격증, 동갑 남편(대학 중퇴)이 운영하는 저온창고 임대 및 농산물 판매 사업을 돕고 있다.

丙 甲 乙 己 <남편>
寅 午 亥 未

동생: 전문대학 일본어과 졸업, 31세 득녀, 32세 결혼, 어릴 때 심장수술, 부산 거주, 가정주부, 동갑 남편(고졸)은 무역업체 근무

乙 庚 癸 己 <남편>
酉 辰 酉 未

癸 己 乙 癸 <건명> 쌍생아 1954년생
酉 丑 丑 巳

79 69 59 49 39 29 19 9
丁 戊 己 庚 辛 壬 癸 甲
巳 午 未 申 酉 戌 亥 子

서울 영등포구 신길동 출생, 출생시간 5분차, 어린 시절 유치원 다닐 정도로 유복, 같은 초중고교 졸업, 이름: 형(○은○) 동생(○태○)
① 학교 다닐 때 싸움이 나면 두 명이 합세하여 상대를 제압했으나 인성이

착(온순)하여 따로 싸우거나 말썽 피우는 경우는 없었다. ☞ 동생이 더 착(온순)했다.
② 학업성적: 형(중하), 동생(중간)   ③ 학력: 형(고졸), 동생(공업전문대)
④ 병력: 형(육군병장), 동생(해병대)
⑤ 취업: 형(기계공장), 동생(신세계백화점)
⑥ 29살(辛酉년) 같은 날, 같은 시, 같은 예식장에서 동시 결혼.
⑦ 결혼 2년 후, 형은 아내와 같이 미국으로 가서 마이클 박으로 개명, 처남들 도움으로 공부하여 목사자격 취득, 설교·목회활동, 중견 슈퍼마켓 운영 ☞ 동생은 생활이 변변찮고 어렵다. 2017년 1월(64세, 丙申년 辛丑월) 아내를 암으로 잃고 혼자 산다.
⑧ 자식: 형(2남), 동생(2녀)   ⑨ 형(대머리), 동생(아니다)

辛 丙 丁 甲 <곤명> 쌍생아 1954년생
卯 申 丑 午

79 69 59 49 39 29 19 9
己 庚 辛 壬 癸 甲 乙 丙
巳 午 未 申 酉 戌 亥 子

<언니> 한 성질 한다, 이혼
<동생> 요조숙녀, 1남 1녀, 남편 사업 도우며 잘 살고 있다.

丁 庚 戊 壬 <곤명> 이란성 쌍생아 1982년생
丑 寅 申 戌

80 70 60 50 40 30 20 10
庚 辛 壬 癸 甲 乙 丙 丁
子 丑 寅 卯 辰 巳 午 未

이란성 쌍둥이, 출생시간 20분차, 출산 달에 운동하면 순산한다는 말에 산모가 운동하다가 과도하여 조기출산, 두 아이 모두 인큐베이터에 들어갔다.
① 남자아이는 15일 후 사망, 여자아이는 1달 후 건강하게 퇴원
② 여자아이: 얼굴은 못생겼으나 마음은 부처, 한의학박사, 경기도 지방도시 부잣집에 시집, 1남 1녀 두고 잘 살고 있다.

辛 癸 壬 癸   <건명> 이란성 쌍생아 1953년생
酉 丑 戌 巳

78 68 58 48 38 28 18 8
甲 乙 丙 丁 戊 己 庚 辛
寅 卯 辰 巳 午 未 申 酉

4남 1녀 중 넷째와 막내가 이란성 쌍둥이, 외모가 전혀 다르다, 두 사람 모두 1남 1녀 두고, 잘 살고 있다.
<쌍둥이형(4)> 직장생활하다 개인사업.
<쌍둥이동생(5)> 맏형(1)과 누나(2), 매형(유명○○간장회사 회장)을 도우며 간장회사의 사장으로 재직하고 있다.

癸 丁 乙 癸   <건명> 동일사주 1973년생
卯 未 卯 丑

72 62 52 42 32 22 12 2
丁 戊 己 庚 辛 壬 癸 甲
未 申 酉 戌 亥 子 丑 寅

① 2012년 40세(壬辰) 의정부역 묻지마 살인사건 범인, 경기도 연천(漣川) 출생
② 평범한 일반 직장인

戊 丙 戊 丁 <곤명> 동일사주 1947년생
戌 子 申 亥

75 65 55 45 35 25 15 5
丙 乙 甲 癸 壬 辛 庚 己
辰 卯 寅 丑 子 亥 戌 酉

① 54세 庚辰(2000) 미국 라스베이거스 카지노에서 106억 당첨.
② 지금까지 횡재수 없었다.

壬 丁 癸 甲 <곤명> 동일사주 1954년생
寅 亥 酉 午

77 67 57 47 37 27 17 7
乙 丙 丁 戊 己 庚 辛 壬
丑 寅 卯 辰 巳 午 未 申

① 평주부에서 37세 庚午(1990)부터 유명 행복강사로 부와 명예를 누렸다.
② 전남 광주의 전업주부

丙 己 甲 戊 <건명> 동일사주 1958년생
寅 卯 寅 戌

71 61 51 41 31 21 11 1
壬 辛 庚 己 戊 丁 丙 乙
戌 酉 申 未 午 巳 辰 卯

① 판각(板刻)·목공예 전문가

제11장. 사주 간명 방법

32세 己巳(1989)부터 판각을 시작하여 해외 전시도 열었다. 그러나 40세 丁丑(1997) IMF 외환위기 이후로 어려운 상황이 계속 되었다. 평소 목공예 재료도 구할 겸 전국의 산들을 돌아다니며 불교 공부도 하고 본인 스스로 도교 사상에도 심취하여 도를 닦으며 속세와 산속을 오가는 생활을 하였다. 계속되는 생활고로 힘들어 하다가 47세 甲申(2004)에 친구 소개로 분뇨 수거 일까지 하려했지만 그마저 무산되자 처음으로 하늘을 향해 큰 소리로 원망하였다.

48세 乙酉(2005)에 상황이 급반전하여 경남 합천 해인사 스님의 소개로 『금강경(金剛經)』을 판각하는 일을 맡게 되었다. 그러나 49세 丙戌(2006) 가을에 작품 전시 및 판매를 위해 대구와 해인사를 오고 가다가 결국 교통사고를 당하게 되었다. 丙戌년 戊戌월 壬辰일 庚戌시에 88고속도로에서 대구로 오던 중 마주 오던 같은 차종의 스타렉스와 정면충돌하여 운전자 두 사람 모두 그 자리에서 즉사하였다.

슬하에 아들만 셋, 그리고 부인은 단아하고 조용한 미모의 여성이다. 이분의 외모는 흡사 산신령같은 느낌에 눈빛이 형형한 호랑이를 연상케 하였다. 카리스마 있는 외모에 주위에 여자들은 많이 따르나 자존심이 무척 강하여 바람을 피우거나 하지는 않았다. 인정이 많고 순수하며 겸손하지만 자존감이 무척 강하여 남에게 쉽게 숙이지 못하는 성격이다. 또한 신기(神氣)가 있어 사람의 몸과 마음을 꿰뚫어 보는 능력도 갖고 있었다.

② 아파트 관리소장겸 부동산중개인

이 사람은 명목상 아파트 관리소장이라는 직함을 갖고 있지만 일은 그냥 건성으로 하고 실제로는 부동산(상가건물) 매매로 큰 돈을 버는 사람이다. 하지만 돈에 집착하지는 않는다.

큰 키에 카리스마가 있는 외모로 평소 단정한 옷차림에 목에 힘을 주고 다니며 흐트러짐이 없다. 깨끗하고 차가운 느낌이 강하다. 인물도 좋고 언변도 뛰어난 편이지만 바람은 피우지 않는다. 부인은 2~3살 어린 예쁜 여성이다. 이 남자는 지금도 잘 살고 있다.

癸 壬 辛 壬　<곤명> 동일사주 1972년생
卯 申 亥 子

80 70 60 50 40 30 20 10
癸 甲 乙 丙 丁 戊 己 庚
卯 辰 巳 午 未 申 酉 戌

① 사주·타로상담가, 노처녀

속을 알 수 없는 느낌의 사람으로서 말은 잘 하지만 어딘가 모르게 음침한 기운이 있고 본인 또한 진실한 속내를 드러내지 않는다. 사람을 끄는 흡인력이 있어 젊은 단골손님은 많으나 매우 실리적이고 계산적인 사람으로서 냉정한 면이 있다. 겉으로는 화통한 척하나 항시 자기 이익에 유리한 방향으로 움직이는 사람이다. 亥水 세운이 올 때 마다 몸에 큰 이상이 생겨 고통을 받았다. 36세 丁亥(2007)에 처녀의 몸으로 자궁수술을 하였다.

외모는 남성적인 얼굴에 몸의 순환이 잘 이루어지지 않아 뚱뚱한 편이다. 주위에 남자 친구와 선후배 등은 매우 많으나 이성으로서의 느낌은 전혀 못 가진다 한다. 술친구가 대부분이고 말투나 행동이 거의 남성적이다. 결혼 생각은 아예 없다. 현재 가진 돈은 별로 없는 편이고 번 돈은 거의 사치를 좋아하는 어머니 때문에 계속 나간다. 그러나 시간이 지날수록 조금씩 형편이 나아지는 듯하다.

② 술집마담

외모는 예쁘지 않은 편이나 주위에 남자가 많다. 하지만 내 남자는 없고 거의가 별로 실속 없는 남자들이다. 종업원들이 돈 떼먹고 도망가서 속상해 하고 인덕이 없는 편이다. 보통 체형이고 돈은 별로 없다.

같은 사주, 다른 인생(굶어 죽은 승려↔국무총리)

壬 乙 己 乙   <건명> 동일사주 1805년생
午 亥 卯 丑

辛 壬 癸 甲 乙 丙 丁 戊
未 申 酉 戌 亥 子 丑 寅

굶주리다 얼어죽은 승려(1805년)
임철초 해설, 『적천수천미(滴天髓闡微)』, 무릉출판 77쪽.
<5대운, 乙木당령>
己土 財가 丑에 통근하고 午에서 록을 얻으니 자신(乙)과 財가 둘다 왕한 것으로 보인다.

하지만 己土 財는 비견 乙이 빼앗아가고 丑土 財는 卯木이 파극하며, 午火 식신은 亥水가 극하고 壬水가 午火를 덮어 버리므로 상하가 무정하다.

초년에 戊寅, 丁丑운을 만나서는 土 재성이 생조(生助)를 받으니 물려받은 가업이 제법 풍부했는데, 丙子운으로 바뀌자 午火를 충하여 제거하니 일시에 패망하여 다 없어졌다.

乙亥운에는 처자식을 모두 팔아먹고 삭발하여 중이 되었지만 청정한 규범을 지키지 못했고 굶주리다가 얼어 죽고 말았다.

☞ 김만태 견해) 乙木당령이라 자신(乙)은 더욱 왕하고 土財는 더욱 약한데, 乙(목) 亥(수)대운에 이르자 자신(乙)은 더더욱 왕해지고 土財는 더욱더 약해져 土財가 붕괴되었으므로 비참하게 생을 마감하였다.

중화민국 초대 국무총리 겸 육군총장(돤치루이, 1865-1936)
서락오 해설, 『고금명인명감(古今名人命鑑)』, 상해인서관 85쪽.
<1대운, 甲木당령>
일간 乙이 월령에서 건록이 되고 亥卯가 局을 결성하니 신왕(身旺)하여 財를 감당할 수 있다.

己壬이 투출하였는데 중간에 乙이 그것을 가로막고 있고, 己의 록은 午에 있고 壬의 록은 亥에 있으니 財와 印이 모두 록을 얻어서 귀하게 되었다.

그러나 원수(元首)가 되기에는 그릇이 부족하다. 이 때문에 매우 위태롭고 불안하다.

戌운 이후에 金水운으로 바뀌어 순조롭다. 官 金운에 財(土)와 印(水)의 기를 관통하니 아름답다.

비록 실권은 없었지만 많은 사람들의 추앙을 받았으며 무리하게 권력을 탐하지 않았다.

☞ 김만태 견해) 1대운 甲木당령이라 午火가 힘을 받으므로(寅午합 여지) 자신(乙)도 왕하지만 土財도 힘이 있어 乙(목) 亥(수)운의 고비를 감당할 수 있었다. 그러나 金水가 더욱 왕강해져서 土財가 붕괴되는 壬申운은 견디기 힘들다.

돤치루이(段祺瑞), 중화민국 초대
국무총리·육군총장

癸 丁 壬 辛 <건명> 유사사주① 1961년생
卯 酉 辰 丑

80 70 60 50 40 30 20 10
甲 乙 丙 丁 戊 己 庚 辛
申 酉 戌 亥 子 丑 寅 卯

대학교 사회학과 졸업, 박사학위(사회학 전공) 취득, 대학에서 시간 강의도 했다. 前사립고등학교 사회교사, 現지방사립대 사회학과 교수 재직.
부인은 독일어 전공하고 고등학교 선생하다가 결혼 후 사직, 전업주부

癸 丁 壬 辛 <건명> 유사사주① 1961년생
卯 亥 辰 丑

76 66 56 46 36 26 16 6
甲 乙 丙 丁 戊 己 庚 辛
申 酉 戌 亥 子 丑 寅 卯

앞 사주와 일지(日支)만 다르다. 대학교 법학과 졸업.
여러 직업 전전했다(경찰 ⇒ 유통업 ⇒ 변호사 사무장).
36丁子대운 40대 초반에 냉동꽃게 수입으로 왕창 망했다.
46丁亥대운 변호사 사무장 재직 중 51세(辛卯) 丙申월에 사기 사건으로 구속 되었다.

壬 丙 戊 癸 <건명> 유사사주②
辰 午 午 巳 『적천수천미(滴天髓闡微)』 저자 임철초(任鐵樵)

庚 辛 壬 癸 甲 乙 丙 丁
戌 亥 子 丑 寅 卯 辰 巳

木火운 40년 동안 위로는 부모의 뜻을 이어 공명을 이룰 수 없었고, 아래로는 전원을 지키고 창업할 수 없었다. 골육과 육친은 그림 속의 떡과 같았고, 반평생 사업도 역시 뜬 구름과 같았다. 卯운에 이르러 육친[父]의 재앙을 만났고, 이에 가산이 씻은 듯이 다 없어졌다. 부친(庚金)이 세상을 떠난 후 가업이 쇠잔해지니 온 마음으로 명리를 공부하여 호구지계(糊口之計)로 삼았다.

壬 丙 戊 癸 <건명> 유사사주②
辰 午 午 丑

임철초 선생 사주와 연지(年支)만 巳에서 丑으로 다르다.
乙卯, 甲寅운에 土를 극하고 水를 호위하니 관로(官路)가 직상(直上)하였다. 癸丑운에 이르러 금당(琴堂, 현령)을 거쳐 주목(州牧)에 올랐고, 壬子운에는 치중(治中, 지방의 부장관)을 거쳐 황당(黃堂, 태수)에 올라 명리(名利)가 모두 유여(裕餘)하였다.

오행과 질병

木	간 쓸개 신경 눈(眼) 머리·수족·風·신경계	목(頸) 편도
火	심장 소장 피(혈관·혈압) 혀(舌) 순환기(심장+ 혈관)	시력
土	비장 위장 살(肌肉) 입(口) 소화기	배 허리 당뇨
金	폐 대장 피부(皮膚)16) 뼈(骨) 코(鼻) 기관지(천식)·호흡기	가슴 항문
水	콩팥 방광 골수(骨髓) 자궁 귀(耳) 비뇨기(생식기)	호르몬 갑상선

- 쓸개[膽]: 간(肝)에서 분비된 쓸개즙을 농축하고 저장한다. 쓸개즙에는 소화 효소가 포함되어 있는데 주로 지방의 소화를 돕는다.

- 간(肝): 탄수화물 대사, 아미노산 및 단백질 대사, 지방 대사, 담즙(쓸개즙) 대사, 비타민 및 무기질 대사, 호르몬 대사, 해독 작용 및 살균 작용 등 다수의 대사(代謝)작용을 한다.

- 소장(小腸, 작은창자): 음식물의 소화, 흡수에 가장 중요한 장기이다.

- 심장(心臟): 수축과 이완을 통해 혈액을 온몸의 한 방향으로 순환시킨다.

- 비장(脾臟, 지라): 가장 큰 림프기관, 몸을 침범하는 세균이나 외부 단백질을 제거하는 면역 기능을 담당, 몸에서 상처를 입으면 상처 부위로 단핵 세포가 이동하여 상처의 치유를 돕도록 한다.

- 대장(大腸, 큰창자): 섭취한 음식물을 소화해서 필요한 영양소로 바꾸고 이를 흡수하도록 한다.

- 췌장(膵臟): 소화 효소와 호르몬을 분비한다. 췌장의 호르몬(인슐린)이 분비 저하되면 당뇨병이 생긴다.

- 신장(腎臟, 콩팥): 체내 대사과정의 노폐물 등 생체에 유독하고 불필요한 물질을 소변으로 배설한다.

---

16) 皮(가죽 피), 膚(살갗 부)

- 순환기계: 심장, 혈액, 혈관, 림프계로 이루어진다.
- 림프 및 면역계: 병원체나 종양세포 등을 인지하고 죽임으로써 질병으로부터 인체를 보호하는 기능을 지닌 구조와 기관을 통칭한다.
- 뇌졸중(중풍): 뇌의 혈관이 막히거나(뇌경색) 터짐(뇌출혈)으로써 그 부분의 뇌가 손상되어 나타나는 신경학적 증상이다.

[네이버 지식백과] 서울대학교병원 신체기관정보

<오행과 질병 참고자료>

* 오행이 왕(旺)한 경우보다는 허(虛)한 경우에 해당 장부(臟腑)의 질병이 더 잘 생긴다.
- 당뇨병은 인슐린의 분비 저하나 기능이 나빠서 생긴다. 戊己土가 金水에게 심하게 설손(泄損)되어 허한(虛寒)할 때 당뇨병이 생긴다.
- 水가 木을 자양하지 못하거나, 木과 火가 손상되어 목허(木虛)할 때 뇌졸중(중풍)이 생기는 경우가 많다.
- 火土가 과다(過多)하여 土가 태왕(太旺)한 경우보다는 木金이 태왕하여 土가 심하게 극설(剋泄)을 당하는데다가 火氣마저 약하여 弱土를 생해주지 못하고 水氣가 왕하여 한습(寒濕)한 경우 위장질환이 더 잘 발병한다.
- 金이 허(虛)하면 뼈(骨)질환이 생기는 경우가 많다.
- 화극금(火剋金)이 지나치면 폐(肺)질환이 우려된다.

庚 壬 丁 庚 <건명> 1950년생
戌 申 亥 寅

72 62 52 42 32 22 12 2
乙 甲 癸 壬 辛 庚 己 戊
未 午 巳 辰 卯 寅 丑 子

59세(戊子) 대구MBC방송 사장 취임, 61세(庚寅) 심장마비로 별세

丙 辛 丙 己 <건명> 1979년생
申 亥 寅 未

73 63 53 43 33 23 13 3
戊 己 庚 辛 壬 癸 甲 乙
午 未 申 酉 戌 亥 子 丑

부산 영도구 출생, 2남 중 장남, 결혼 후 부산대 앞에서 음식점 하며 돈 좀 벌었다.

34세(壬辰)에 통증을 느껴 병원을 찾았다가 병원에서 위암 4기라서 수술이 안 된다고 해서 항암치료만 받다가 34세에 별세. 寅공망, 寅월초라서 기후가 아직 차갑다.

<부친> 음1950. 8. 17, 새벽 4시	<모친> 음1958. 4. 17, 저녁 8시반
庚 丙 乙 庚 寅 寅 酉 寅 水관성이 없다. 亥공망	庚 壬 丁 戊 戌 子 巳 戌 木식상이 없다. 寅卯공망

己 己 乙 戊 <건명> 1958년생
巳 丑 丑 戌

49 39 29 19 9
庚 己 戊 丁 丙
午 巳 辰 卯 寅

壬 戊 辛 戊 <아내, 10대운>
子 午 酉 戌

무관(無官), 상관(傷官)격국(格局),
子午충(배우자宮×)

일간 己가 坐墓, 丑戌형, 巳丑金반합, 土가 중중, 火부족, 대체로 습(陰濕)하다.
43세(庚辰) 위가 복막에 붙어 수술, 44세(辛巳) 위암으로 별세

戊 己 丙 丁 <건명> 1957년생
辰 巳 午 酉

67 57 47 37 27 17 7
己 庚 辛 壬 癸 甲 乙
亥 子 丑 寅 卯 辰 巳

61세(丁酉) 폐암으로 별세

癸 己 甲 丁 <아내, 6대운>
酉 未 辰 酉

정관 甲이 백호살(白虎殺) 위에 있다(甲辰)

甲 己 乙 壬 <건명> 1962년생
子 巳 巳 寅

62 52 42 32 22 12 2
壬 辛 庚 己 戊 丁 丙
子 亥 戌 酉 申 未 午

치기공사, 56세(丁酉) 췌장암으로 별세

甲 辛 癸 丙 <건명> 1956년생
午 卯 巳 申

64 54 44 34 24 14 4
庚 己 戊 丁 丙 乙 甲
子 亥 戌 酉 申 未 午

상고 졸, 은행 근무, 파산, 이혼, 여자관계 복잡
53세(戊子)부터 명리학 공부, 문화센터에서 명리학 강의
평소 고혈압, 63세(戊戌) 甲寅월 乙未일 아침, 사우나 후 심장마비로 별세

부부는 암(癌)도 닮는다!

부부는 생물학적·유전적으로 남남이지만 비슷한 시기에 비슷한 암에 걸리는 경우가 최근 많이 늘었다. 결혼 36년차인 김·주 씨 부부는 한 달 사이에 잇따라 암 진단을 받았다. 남편은 대장암 2기, 부인은 직장암 3기였다. 평소 튀김과 고기를 함께 즐겨 먹었던 게 화근이었다.

세브란스병원이 암환자 1만 1천여 명을 분석한 결과 가족 내 암환자가 두 명 이상인 경우가 2001년 14%에서 27%로, 10년 새 2배 가까이 늘었다. 유전적으로 비슷한 부모형제는 물론 유전적으로 남남인 부부도 함께 암에 걸리는 경우가 증가한 것이다. 음식·운동 등 비슷한 생활습관을 부부가 오랫동안 서로 함께 한 결과라고 한다.

스웨덴과 덴마크 같은 유럽의 유수한 연구기관들이 유전자가 똑같은 일란성 쌍둥이 4만여 쌍을 대상으로 이들이 얼마나 비슷한 암에 걸리는지를 조사한 결과 30%에 불과했다. 그러니까 암 환자의 발병 원인이 30%는 유전적인 요인이지만, 나머지 70%는 음주나 흡연·식습관·운동과 같은 후천적 요인으로 볼 수 있는 것이다. ≪SBS≫ 2012.09.13 뉴스 기사 "부부, 암도 닮는다… 가족암, 10년 새 2배 증가" 참고

선천적인 사주 오행의 편고(偏枯) 여부 등이 질병과 관련이 있는 것은 사실이다. 하지만 발병 요인으로서 훨씬 더 중요한 것은 식습관·운동·음주·흡연 등과 같은 후천적 요인임을 위 기사를 통해 알 수 있다. 따라서 사주만으로 질병을 정확히 예측한다는 것은 곤란하다.

오행의 전공과 직업

　인생은 오행이란 재료로써 집을 짓는 건축에 비유할 수 있다. 집을 지으려면 대들보가 되는 나무, 벽을 쌓는 흙, 주춧돌이 되는 돌과 연장이 되는 쇠 공구, 반죽에 필요한 물과 습기를 말리는데 필요한 불 등을 모두 고르게 갖춰야만 훌륭한 집을 제때에 바로 지을 수 있다.

　사주 원국은 당사자가 선천적으로 갖고 태어난 건축 재료이다. 그런데 사주팔자는 여덟 자에 불과하므로 음양오행의 열 글자에 비해 두 개가 부족하다. 더구나 지지의 토는 다른 오행에 비해 2배가 된다. 따라서 선천적으로 갖고 있는 사주 원국의 건축 재료는 뭔가 부족하게 될 개연성이 매우 높다.

　이런 건축 재료의 부족 현상 ― 음양오행의 부중화(不中和) 현상 ― 으로 인해 당사자가 원하는 좋은 집을 제때에 바로 지을 수가 없게 되는 것이다. 그런데 10년마다 순환하여 들어오는 대운(大運)에서 때맞춰 필요한 건축 재료가 보완된다면 그 기간 동안에 원하는 집을 완성할 수가 있다.

　예를 들면 집을 지을 나무는 잔뜩 쌓여 있는데 이를 다듬을 쇠 공구와 주춧돌이 없는 난처한 상황에서 때마침 지나가는 손님(대운)이 자신의 쇠 공구와 석재를 10년 동안 맡겨 놓고 간다면 당사자는 그 기간 동안 어떻게든 자신의 집을 지을 수가 있다.

　그러나 설상가상으로 지나가는 손님들마저 목재만 맡겨 두고 간다면 그 당사자는 집을 짓는 것은 고사하고 나무에 치여 다칠 수가 있는 것이다.

　이것이 바로 사주 원국과 대운의 관계이다. 이런 건축 재료의 부족 현상, 음양오행의 부조화 현상을 타개할 수 있는 해결할 수 있는 가장 확실한 방법 ― 소위 개운방법 ― 은 공부(전공)·직업·배우자 등 후천적 노력 요인을 통해 보완하는 것이다. 왜냐하면 공부(전공)·직업·배우자 등도 각기 음양오행이 있는데 이들을 통해 당사자의 부족한 음양오행을 보완하는 것이다.

> ☞ 필요한 오행에 해당하는 직업을 먼저 선택한 후, 육신 관계도 함께 고려한다.
> Ex) 壬申일주[17])에 火가 천지간에 왕한 사주라면 편인 申金과 정관인 음토 己, 지지로는 관성인 습토 辰丑 등이 필요하다. 따라서 종교·**철학**·의학 분

> 야(金편인) 등을 전공하고 종사하면서 사업과 재물(火재성)보다는 조직과 기관에 인연을 맺고 명예와 관록(陰土관성)을 추구하는 것이 좋다.

■ 목(木) - 교육·문학·건축·의류·출판·문구·목재·인사

<전공> 인문학, 한국학, 언어, 문학, 교육, 행정, 경영, 방송, 언론, 출판, 육영, 건축, 의류, 임학, 조경, 원예, 생명과학

<직업> 가구, 목재, 목공, 제지, 과수, 산림, 분재, 화원, 축산, 낙농, 의류, 섬유, 의상, 침구, 홈패션, 수예, 건축, 악기(현악기-가야금·바이올린 등), 학원, 서점, 출판, 문구, 도서관, 유아·청소년 관련, 분식점, 언론, 신문, 잡지, 기획, 창업컨설팅, 인사, 경영, 총무, 도시설계, 보험 관련, 교육전문가 및 관련직, 인문 및 사회과학 전문직, 경영·행정 전문가 및 관련직

★ 화(火) - 종교·예술·교육·상담·방송·화학·전자·정보

<전공> 전기, 전자, 컴퓨터, 방송, 언론, 홍보, 예술, 광학, 화학, 약학, 관광, 마케팅, 일본, 동남아, 호주, 뉴질랜드, 남미국가

<직업> 전기, 전자, 컴퓨터, 애니메이션, 인터넷, 정보통신, 조명, 편의점, 광고, 화장품, 난방, 유류, 화공, 에너지, 약품, 화학제품, 게임, 오락, 완구, 미용, 교육, 연구, 발명, 창조, 이벤트, 엔터테인먼트, 예능, 예술, 패션, 디자인, 장식, 방송, 언론, 잡지, 종교, 무속, 정신, 요가, 강의·상담, 관광, 법률, NGO, 정보통신 전문직, 문화예술 및 방송언론 전문직

● 토(土) - 중개·종교·복지·저장·토지·농산·토건·역사

<전공> 부동산, 토목, 농학, 역사학, 철학, 복지, 스포츠, 종교, 중국, 중동

<직업> 부동산, 토목, 건설, 주택, 토지, 전통문화, 종교인, 철학, 무속, 예능, 스포츠(필드), 산악인, 등산용품, 도예, 도자기, 골동품, 곡물, 식품, 제분업, 약초, 토산품, 농산물, 농업, 목축, 창고, 보관, 편의점, 숙박업, 토속음식, 중개·

---

17) 己 壬 丙 丁 <건명>
　　酉 申 午 未

중매, 보험, 경영지원, 중국어, 피부 관련, 노인복지, 인생 상담, 컨설팅, 사회복지 및 종교 관련직, 교육 및 상담 관련직

▲ 금(金) - 군경·법률·금융·회계·의학·기계·철강·음악

<전공> 금융, 경제, 무역, 회계, 법학, 군사, 경찰, 금속, 기계, 자동차, 의학, 치의학, 수의학, 간호, 보건, 미국, 캐나다, 유럽

<직업> 금속, 기계, 자동차, 선박, 정비업, 교통, 철강, 주물, 금형, 철물, 금은세공, 보석, 광산, 검찰, 경찰, 군인, 법조계, 금융, 회계, 무역, 특수직, 보건, 감사, 정육, 의사, 간호사, 치과의사, 한의사, 건강원, 기공(氣功), 법무, 국방, 형사, 관악기(플루트 등), 타악기, 음악, 음향, 가수, 피혁, 공학 전문가 및 기술직, 보건 전문가 및 관련직, 법률 행정 전문직, 금융 전문가 및 관련직

∫∫ 수(水) - 식품·유통·숙박·무역·외국·영업·수산·유전자

<전공> 어학, 유통, 무역, 외국, 해양, 수산, 식품, 생물, 생명과학(유전자), 출산, 유아, 수학, 물리, 통계, 러시아, 북유럽, 북방국가

<직업> 정수기, 목욕탕, 생수, 수도, 수산, 양어·양식, 냉동, 빙과, 우유, 음료수, 음식점, 농수산, 조선, 해운, 무역, 숙박, 유통, 택배, 운송, 생명보험, 관광, 생명과학, 수질환경, 노래방, 음향, 어학, 경제, 회계, 사회복지, 실버산업, 건강, 생명, 유전자, 출산 및 유아 관련, 판매, 운송, 생명 및 자연과학 전문가 및 관련직, 지식·지적재산 관련직

> **오방형(五方形)**
> 형상(形象·形相)도 오행으로 구분할 수 있는데 오행의 각 특성을 고려해보면, ■는 木, ★는 火, ●는 土, ▲는 金, ∫∫는 水에 배속할 수 있다.

사주에 '묘유(卯酉)충'이 있는 사람

己 丁 戊 乙   <박도사(제산)> 1935년생
酉 卯 子 亥

63 53 43 33 23 13 3
辛 壬 癸 甲 乙 丙 丁
巳 午 未 申 酉 戌 亥

청년기부터 기도와 수련에 관심 많았다.
40대 후반 未대운부터 사주상담으로 많은 재물을 모았다.
말년에 잘못된 투자(사기)로 큰 재물 손실을 입었다.
뇌졸중(중풍) 후유증으로 2000(庚辰)년 환원(還元)

辛 丁 丁 辛   <건명> 1951년생
丑 卯 酉 卯

85 75 65 55 45 35 25 15 5
戊 己 庚 辛 壬 癸 甲 乙 丙
子 丑 寅 卯 辰 巳 午 未 申

23살 1973(癸丑)년 9급 공무원 합격했다.
정의(正義) 감시 분야에서 근무했다.
60살 2010(庚寅)년 3급으로 퇴직
공무원 재직 중 사주명리에 관심이 많아 공부했다.

乙 癸 癸 乙　<곤명> 1955년생
卯 酉 未 未

89 79 69 59 49 39 29 19 9
壬 辛 庚 己 戊 丁 丙 乙 甲
辰 卯 寅 丑 子 亥 戌 酉 申

간호대학 졸업, 양호교사로 재직했다.
교사로 재직하면서 사주명리 공부도 많이 했다.
갈수록 배우자 인연이 약해진다.
자녀에게 무관심, 재물 손실도 우려된다.
마음을 진짜와 가짜로 나누며 '마음수련'을 맹신

己 丁 庚 辛　<건명> 1971년생
酉 卯×子 亥

81 71 61 51 41 31 21 11 1
辛 壬 癸 甲 乙 丙 丁 戊 己
卯 辰 巳 午 未 申 酉 戌 亥

결혼 후 가정에는 무관심하고 주색잡기에 능하다.
재물 손실과 사건사고가 끊이지 않는다.
생수 대리점을 계속했는데 부도가 나서 베트남으로 도피

명(明) 마지막 황제 숭정제(崇禎帝, 재위 1627~1644)

己 乙 庚 辛
卯 未 寅 亥

甲 癸 壬 辛
午 巳 辰 卯

을미(乙未)일주*인데 지지가 모두 인해(寅亥)와 해묘미(亥卯未)로 목국(木局)을 이루어 자신의 뿌리가 왕성하다.
* 인(寅)월의 을미(乙未)일주는 양지바른 곳에 핀 뿌리 깊은 꽃나무이다.
토재(土財)는 목국(木局)으로 조금 미약하나 금관(金官)은 원국에서도 대운에서도 매우 무력하다. 갑오(甲午)대운에 겁재 갑목(甲木)이 더욱 발동하고 인오(寅午)반합으로 금관(金官)이 매우 무력해진다.
숭정제가 즉위하던 시기 명은 쇠퇴의 길에 접어들었다. 기근이 들고 도처에서 봉기가 일어나는 데다가 청군도 나날이 격렬하게 침공했다. 1644년, 이자성의 농민군이 북경을 포위하여 총공격을 감행했다.
숭정제는 위급을 알리는 종을 울렸지만 신하들이 모두 도망가고 환관 혼자만 있었다고 한다. 1644년(34살) 4월 25일 새벽, 사방이 불타는 와중에 숭정제는 아들들을 자금성으로부터 탈출시키고, 처첩과 딸들을 살해하고, 자금성의 북쪽에 가서 목을 매달아 자살하였다.
숭정제는 통찰력이 있고, 주도면밀하며 부지런했다는 장점을 가진 군주였다. 숭정제 자신의 업무 능력과 근면함은 명나라 역사상 비슷한 황제를 찾아보기가 힘들었을 정도였고, 그만큼 부지런한 황제는 중국 역사 전체를 통틀어도 몇 명 없었다.
오죽했으면 황제의 옷소매가 해질 지경이었다. 그래서 숭정제는 망국의 황제임에도 비교적 평가가 좋은 특이한 사례에 속한다.

나라를 훔친 도적(盜賊) 이자성(李自成)

庚 丁 丁 丙
戌 巳 酉 戌

45 35 25 15 5
壬 辛 庚 己 戊
寅 丑 子 亥 戌

중화민국 명리학자 서락오의 저술 『자평수언(子平粹言)』(1938)에 수록된 중국 명나라 말 이자성(李自成)의 사주이다. 그리고 도적(盜賊)이라고 하였다. 그런데 이자성(李自成)은 그냥 도적이 아니다. 이자성(1606~1645)은 중국 명(明) 말기의 농민 반란 지도자로서 1644년 대순(大順)을 세우고 북경(北京)을 점령해 명(明)을 멸망시켰으나 오삼계(吳三桂)와 청(淸)의 연합군에 패하였다.

본원 정화(丁火)가 酉월에 태어났으니 장생(長生)지이고, 유술(酉戌)방합, 사유(巳酉)반합으로 金으로 재국(財局)을 이루었고, 시간에 경금(庚金) 정재(正財)가 투출하고 지지의 酉戌巳에 모두 뿌리를 두었다.

본원 정화도 앉은 자리 사화(巳火)와 술토(戌土)에 뿌리를 두어 힘이 있으며, 연월간에 병정(丙丁)이 나란히 있어서 무리를 이루고 있다. 그러나 본원 火의 기세보다는 財인 金의 기세가 더 왕성하다.

그래서 본원 정화가 같은 火 비겁인 연월간의 丙丁과 무리를 지어 재물(나라)을 쟁취하려고 반란을 일으켰다.
그러나 신축(辛丑)대운에 병신(丙辛)합으로 지원군인 병화가 묶이고, 사유축(巳酉丑)합으로 財金이 더욱 왕강해지고, 축술(丑戌)형으로 본원 정화의 뿌리가 흔들리면서, 본원에 비해 金재국의 기세가 더욱 왕성해지니 새로운 왕조를 건설하지 못하고 40세(乙丑)에 생을 마감하였다.

하지만 45세부터는 木火운으로 향하므로 신축운의 고비만 잘 넘겼다면 승승장구를 할 수 있었을 것이다.

이자성을 도와 같이 농민란을 일으킨 장헌충(張獻忠)은 한 시각 뒤인 신해(辛亥)시에 태어났다. 연월일간에 火가 나란히 丙丁丁으로 무리를 지어서 힘을 모으고 있는 모습이 이자성의 사주와 같다.

辛 丁 丁 丙
亥 巳 酉 戌

이커머스 대표이사

丁 丁 壬 戊 <건명> 1968년생
未×丑×戌酉申

 81 71 61 51 41 31 21 11 1
 辛 庚 己 戊 丁 丙 乙 甲 癸
 未 午 巳 辰 卯 寅 丑 子 亥

일간 丁火가 戌과 未에 뿌리 내리고 있는데 모두 형충(刑衝)되어 불안정하다 (역동적·활동성).

연지 申재성이 공망(空亡)이나 申戌방합으로 반(半)탈공.

壬정관에 힘을 싣는 丑운까지는 지방법원 판사 재직.

壬정관의 장생(長生)인 申을 충(衝)하고, 寅戌 반합(半合)으로 일간 丁火의 뿌리가 강화되는 31 丙寅운에 대형로펌으로 이직.

丙寅운부터는 壬정관이 점점 무력해지고 고립되므로 사회정의와 공익실현은 개의치 않는다.

壬戌월주와 충하는 51 戊辰운부터는 온리(only) 재테크의 신(神)인 식상(食傷)이 더욱 기승하므로 54 辛丑년에 대기업 이커머스(쿠팡) 자회사 대표이사로 이직.

사주원국에서 식신이 충되고 있는데다 57 甲辰년에 壬戌월주의 戌(상관)과 충하므로 법적 문제 발생, 직원 문제로 갈등이 많을 것이라고 예견, 회사이윤 최대가 아니라 근로자 복지 후생과 노사화합에 최대 과제를 두라고 조언 (2024년 1월).

51 戊辰운은 土식상의 난동이 심각해지므로 본인 재물 취득에 도움은 전혀 안 되고 노사갈등으로 인한 법적 문제 점점 심각해지며,

61 己巳운은 본인의 비뇨 생식기(신장 방광 전립선)질환에 매우 유의해야 한다.

스트릿 우먼 파이터 댄서

乙 丁 甲 丙   <곤명> 1986년생
巳 酉 午 寅

85 75 65 55 45 35 25 15 5
乙 丙 丁 戊 己 庚 辛 壬 癸
酉 戌 亥 子 丑 寅 卯 辰 巳

뜨거운 한여름의 조명불인 정화(丁火)이다. 사주의 중심인 계절 월(月)이 오화(午火)이고, 연지의 인(寅)과 화국(火局)을 이루었다.
연간에 병화(丙火) 겁재(劫財)까지 투출하였다. 시지에도 사화(巳火)가 있다.
한 마디로 조명불의 기세가 매우 지나치게 강하다. 너무 뜨겁고 밝아서 눈이 부시다.
물이 증발하였다. 물은 남자를 의미한다.
화(火)를 생해주는 목(木)도 갑(甲)·을(乙)·인(寅)으로 지나치게 많다.
목(木)이 의미하는 어머니도 물이 없고 불에 타고 있어서 애가 탄다.
정유(丁酉) 일주이다. 기본적으로 성격이 깔끔하고 완벽주의자이며 결단성이 강하다.
앉은 자리의 유금(酉金)은 편재(偏財)이자 천을귀인(天乙貴人)이다. 기본적으로는 좋은 작용을 한다.
시지의 사화(巳火)와 합하여 금(金) 재국(財局)을 이루려 하나, 화목(火木)의 기세가 아주 강하므로 재물을 의미하는 금(金)이 매우 취약하다.
주역 팔괘에서 '불'을 상징하는 삼리화(三離火)괘처럼 불은 자신을 불태워 바깥은 밝히지만 오히려 안은 어둡다.
즉 불이 지나치게 밝으면 오히려 내면은 어둡고 우울하다.
그래서 '불'을 의미하는 '리(離)'괘를 '허중(虛中)'이라 해서, 가운데 속은 공허하다고 말하는 것이다.
인체에서 뼈·관절·치아, 폐(肺) 호흡기를 의미하는 금(金)이 아주 취약하다. 그러므로 이런 질환에 매우 유의해야 한다.

컴퓨터 프로그래머(금융권 IT 개발자)

己 庚 壬 丙   <건명> 1986년생
卯 寅 辰 寅

 86 76 66 56 46 36 26 16 6
辛 庚 己 戊 丁 丙 乙 甲 癸
丑 子 亥 戌 酉 申 未 午 巳

늦봄의 庚金이 본인의 뿌리가 전혀 없다. 寅辰과 寅卯로 寅卯辰 木局 되어 재(財)국을 이루고 있다. 그 가운데 연월일의 寅辰은 격각 충(衝)도 이룬다. 충은 변동(變動)을 의미한다. 곧 안정된 직업이 아니라 변동성을 수반하는 분야에 인연이다.

연상 丙火가 寅에 장생지를 두어 유력하다. 그러므로 木재국 위에 丙火 편관이 아주 뚜렷하다. 독자적인 사업을 하면 인생이 매우 불편하고, 월급 성분으로 살아가면 편안하다.

壬水 식신이 뜨거운 경금을 식혀주고(식신제살), 己 음토가 경금을 생해주므로 남다른 아이디어와 공부 자격으로 큰 도움이 된다.

IT관련 전공을 하고 컴퓨터 프로그래머로 활동중이다. 그 중에서도 은행, 증권사 등 금융권 프로그램 전문 개발자이다.

곧 재(財)국과 재국 격각 충의 인연이다. 그래서 현재 국내 K은행 SI 기업 인연이다. 편관의 희생 봉사 인내의 영향으로 업무가 많아 야근이 잦다.

본인의 뿌리가 되는 운이 들어오는 36세 이후 비로소 애인이 생겨 교제 중이다.

본인에게 뿌리가 되는 金기운과 水기운을 지닌 인연을 만나면 편안하다.

8살 연하 甲戌생 癸酉월 壬寅 여성을 만나 교제 중으로 결혼 예정이다. 좋은 인연이다.

앞으로 인성운과 지지로 식상운이 기다리고 있으므로 직장 소속으로 계속 공부 연구하여 교육자로 가면, 창조 개발성을 발휘하면서 인생이 편안하다.

신장내과 의사

壬 庚 丙 乙 <건명> 1975년생
午 戌 戌 卯

 87 77 67 57 47 37 27 17 7
丁 戊 己 庚 辛 壬 癸 甲 乙
丑 寅 卯 辰 巳 午 未 申 酉

늦가을의 庚金이 본인의 뿌리를 戌에 두었다. 戌중 戊에 당령하였다.
午戌과 卯戌합으로 火기세로 변한다. 월상의 丙火 편관이 기세를 좌우한다.
따라서 뚜렷한 丙火 편관격이다.
壬水 식신이 격용신이고(식신제살) 지지로 오는 金이 희신이자 부용신이다.
寅卯 재성이 공망이다. 재(財)를 지나치게 탐하려 한다.
木은 칼자루가 되므로 반드시 필요하지만 재성이 지나치면 재생살(財生殺)이 매우 염려된다.
재물(일) 욕심을 많이 내면 오히려 본인의 건강 손상이 염려된다.
개업을 하면 절대 안 되고, 페이 닥터를 해야한다.
庚戌 괴강, 丙戌 백호, 戌 천문이라 생사 여탈에 관련된, 힘한 일에 인연이다.
초년부터 꼭 필요한 金과 水운을 만나므로 매우 순조롭다.
47 辛巳대운은 법적 문제, 민원 발생을 매우 조심하고(丙辛합, 巳戌원진), 외래 강의를 할 수 있으므로 하면 좋다. 신장내과 전문의이다.
서울아산병원에 있다가 지금은 중부권 종합병원의 센터장으로 있다.
재성이 공망이므로 무소유의 마음으로 재물(일) 욕심을 내지 않아야 소중한 생명을 살리는 의(醫·義)로운 일을 오래토록 편안하게 수행할 수 있다.
뿌리가 없어 長으로서 리더십이 약하나, 편관이 왕성하므로 솔선해서 희생 봉사하고 책임감이 투철하다.
인성도 필요하고 인성운으로 향하므로 교육자도 좋은 인연이다.
그러므로 계속 공부하고 연구하여 전임의(專任醫) 펠로우(fellow) 과정을 거쳐 대학교수가 되는 게 좋다.

철공소 운영

丁 庚 壬 辛 <건명> 1931년생
丑 申 辰 未

60 50 40 30 20 10
丙 丁 戊 己 庚 辛
戌 亥 子 丑 寅 卯

① 일간: 庚金(비견 성향)
② 일지: 申金비견 ⇒ 월간 壬水식신의 장생지(長生支)
③ 월지(당령): 辰土(戊土) ⇒ 월간 壬水식신의 고지(庫支)
④ 申辰합(일지+월지), 子水공협(拱挾), 월간에 壬水식신 투출 ⇒ 식신(食神)격 뚜렷하고 식신 격국(格局)으로 확장
⑤ 木재성(財星)이 출현하지 못하고 辰(월지)·未(연지)에 암장(暗藏) ⇒ 식신생재(食神生財)로 이어지지 못해 노력의 결실(결과) 미약
⑥ 시간에 丁火정관(正官) 투출했으나 다소 허약 ⇒ 일간 庚金이 가로막아 월간 壬水와 丁壬합화(合化)木이 안 된다.
⑦ 연간에 辛金겁재 투출, 다소 유력 ⇒ 지지에 申金왕지와 土인성이 많아서
⑧ 지지에 土화개(華蓋)가 3개로 많다.
  ☞ 종교적·정신적·비(非)활동적 성향
⑧ 천을귀인(天乙貴人) 未丑(연지·시지)
⑨ 대운(大運)이 木水로 흐른다 ⇒ 천간운은 金土이다.
⑩ 56세 1986(丙寅)년 환원

사주 원국상 水식신격국이지만 木재성이 암장되어서 생재(生財)로 발현되지 못해 결실이 매우 미약하다. 土인성이 많은 편이라 水식신이 극을 당하는 것도 좋지 않다. 사주 원국에서 좀 태과한 土가 모자음오행 성명학적으로 이름에서 제한되고, 사주 원국에서 매우 미약한 木재성이 모자음오행 성명학적으로 이름에서 많이 보완되었더라면 불행하지 않고 순탄한 삶을 살지 않았을까 생각한다.

일본에서 국민학교만 마쳤다. 한국에서 지주(地主)와 정미소, 일본에서 장

사로 돈을 모은 중부(中富)의 10남매 중 4남으로 태어났는데, 형들의 주색(酒色)과 도박으로 가산이 기울어 물려받은 재산이 전혀 없었다. 20庚寅대운 20살(庚寅)에 6.25전쟁이 발발하자 바로 입대하여 만4년을 군 복무하였다.

   20庚寅대운 27살(丁酉)에 변변한 살림도 없이 혼인하여 단칸셋방에 살면서 배운 기술이 없어 스스로 자전거 수리와 철공 기술을 터득하여 자전거포와 철공소를 했는데 기술이 좋아서 30己丑대운부터 점차 인정을 받고 돈도 조금씩 모으기 시작했다. 그러나 40戊子대운부터 주변 사람들의 사기(詐欺)와 빚보증 때문에 손재(損財)가 많아서 경제적으로 늘 힘들어 했다. 그래서 술을 마시는 경우가 잦아졌다. 평생 동안 변변한 옷과 음식, 휴식을 거의 갖지 못했다. 50丁亥대운 56살(丙寅) 11월(己亥)에 교통사고로 돌아가셨다.

戊 壬 癸 甲　<아내> 1934년생
申 寅 酉 戌

87 77 67 57 47 37 27 17 7
甲 乙 丙 丁 戊 己 庚 辛 壬
子 丑 寅 卯 辰 巳 午 未 申

시골에서 국민학교만 마쳤다. 빈농(貧農)의 10남매 중 막내딸로 태어났다. 처녀 때 방직공장에서 일했으며 17辛未대운 24살(丁酉)에 혼인하여 남편 뒷바라지하고 자식(2남 1녀)을 키웠다. 남편의 잦은 빚보증과 사기 때문에 손재(損財)가 많아서 경제적으로 늘 전전긍긍했다.
47戊辰대운 53살(丙寅) 11월(己亥)에 남편이 교통사고로 사망하였다.
57丁卯대운에 읍내에서 신뢰를 얻어 작은 사채 계를 수년 간 운영했다.
77乙丑대운 80살(癸巳)에 알츠하이머병을 진단받고 요양 투병 중에
87甲子대운 89살(壬寅)에 코로나 후유증인 급성폐렴으로 돌아가셨다.

부부 궁합의 명리학적 특징

부부의 궁합을 판단함에 있어 배우자의 궁(宮)과 성(星)은 모두 중요하지만, 배우자 궁인 일지(日支)는 배우자가 머무는 집이라 할 수 있기 때문에 배우자 궁(宮)이 성(星)보다 더욱 중요하다. 배우자 인연이 나쁜 사주들은 다음과 같은 특징을 갖고 있다. 이 반대일수록 배우자 인연이 좋은 사주들이다.

① 배우자 궁(宮)인 일지(日支)가 일간(日干)과 오행이 같은 간여지동(干與支同)이 되는 경우에 배우자 인연이 가장 불안정하였다. 왜냐하면 배우자 궁(宮)인 일지(日支)는 배우자 성(星)이 위치해야 할 장소인데, 일주(日柱)가 간여지동(干與支同)이 되는 경우 일지(日支)가 일간(日干) 본인과 같은 오행이 됨으로써 본인인 일간(日干)의 주장이 더욱 강하여 부부간 의사소통이 원활하지 않기 때문에 부부 불화의 가능성이 높아진다고 판단된다.

② 일지가 다른 지지와 충·해·파·원진·형살·귀문관살 등이 되는 경우로 이때도 배우자 인연에 부정적으로 작용하였다.

③ 일지가 배우자 성(星, 남편의 경우는 재성, 부인의 경우는 관성)의 절지나 묘지가 되는 경우도 배우자 인연이 좋지 않았다.

④ 배우자 성이 미약한 경우, ⑤ 배우자 성이 공망·편중·혼잡·원진·백호살이 되는 경우, ⑥ 배우자 성이 절지나 묘지에 있는 경우도 배우자 인연이 좋지 않았다.

일반적으로 배우자 성이 뿌리를 내리지 못하여 미약하거나 묘절지(墓絶支)에 임하거나 설기(洩氣)가 심하거나 파극(破剋)이 되어 미약한 경우에는 그 배우자성이 사주 내에서 지리멸렬하기 쉬우므로 부부 이별의 가능성이 높아진다고 판단된다.

⑦ 본인(일간)과 같은 오행이 많은 경우인데 특히 남자의 경우 더욱 그러하다. ⑧ 여자는 일간 즉 본인이 생해주는 오행인 식상(食傷)이 많거나 일지에 식상이 있는 경우 배우자 인연이 좋지 않았다.

⑨ 배우자 궁의 오행이 다른 간지에 많이 있는 경우에도 이별하는 경우가 있었는데, 이는 배우자가 둘 이상임을 의미하며 한 배우자와의 이별을 의미한다.

이혼하고 싶어도 이혼 못하는 부부

己 丁 庚 辛   <남편> 1971년생
酉 卯×子 亥

81 71 61 51 41 31 21 11 1
辛 壬 癸 甲 乙 丙 丁 戊 己
卯 辰 巳 午 未 申 酉 戌 亥

연애 결혼 후 밖으로만 나돌았으며, 주색잡기에 능하다. 재물 손실과 사건사고가 끊이지 않는다. 남편 일주 정묘(丁卯)의 공망(空亡)이 임술(壬戌)인데 아내 일주가 임술(壬戌)이다. 유통 대리점을 했는데 부도

辛 壬 甲 戊   <아내> 1968년생
丑 戌 寅 申

86 76 66 56 46 36 26 16 6
乙 丙 丁 戊 己 庚 辛 壬 癸
巳 午 未 申 酉 戌 亥 子 丑

동네 작은 슈퍼 할 때는 돈을 모았으나, 점점 큰 슈퍼로 확장하면서는 계속 적자가 생겨 지금은 모두 정리하고 부채만 남았다. 살던 집도 처분하고 작은 집 월세로 살고 있다.

뒤늦게 이혼을 하려고 하지만 부부 공동부채 때문에 이혼도 못하고 있다.
일주가 남편은 정묘(丁卯), 아내는 임술(壬戌)이라 천간 지지가 丁壬합, 卯戌합으로 묶여있기 때문이다.
다니던 철학관과 무속인들은 모두 부부 궁합이 좋다고 한다.

해로 부부

壬 甲 乙 丙　<남편> 1956년생
申 午 未 申

84 74 64 54 44 34 24 14 4
甲 癸 壬 辛 庚 己 戊 丁 丙
辰 卯 寅 丑 子 亥 戌 酉 申

乙 己 乙 己　<아내> 1968년생
亥 亥 亥 亥

88 78 68 58 48 38 28 18 8
甲 癸 壬 辛 庚 己 戊 丁 丙
申 未 午 巳 辰 卯 寅 丑 子　　1986(丙寅)년 결혼, 1녀 1남

이혼 부부

庚 丁 壬 辛　<남편> 1961년생
子 酉 辰 丑

90 80 70 60 50 40 30 20 10
癸 甲 乙 丙 丁 戊 己 庚 辛
未 申 酉 戌 亥 子 丑 寅 卯

戊 壬 辛 辛　<아내> 1961년생
申 子 卯 丑

85 75 65 55 45 35 25 15 5
庚 己 戊 丁 丙 乙 甲 癸 壬
子 亥 戌 酉 申 未 午 巳 辰　　1991(辛未)년 결혼, 1남, 2007(丁亥) 이혼

사별 부부

丁 戊 乙 癸   <남편> 1973년생
巳 午 卯 丑

46 36 26 16 6
庚 辛 壬 癸 甲
戌 亥 子 丑 寅   2021년(辛丑) 뇌출혈

戊 庚 丁 甲   <아내> 1974년생
寅 申 卯 寅

85 75 65 55 45 35 25 15 5
戊 己 庚 辛 壬 癸 甲 乙 丙
午 未 申 酉 戌 亥 子 丑 寅   2007(丁亥)년 결혼, 1남

丙 癸 壬 辛   <남편> 1961년생
辰 未 辰 丑

45 35 25 15 5
丁 戊 己 庚 辛
亥 子 丑 寅 卯   2008(戊子)년 회사 창고 크레인줄에 목 감겨 사망

丁 丙 辛 辛   <아내> 1961년생
酉 午 丑 丑

89 79 69 59 49 39 29 19 9
庚 己 戊 丁 丙 乙 甲 癸 壬
戌 酉 申 未 午 巳 辰 卯 寅   고등학교 때부터 연애, 2남

제12장. 운명론 관련 읽을거리

산으로 돌아가는 중[僧] 해안(海眼)을 전송한 글
허균과 소설 속 홍길동의 명리학적 연관성
과로도기도(果老倒騎圖)
인정승천(人定勝天)
운명(運命)의 세 종류
사주와 운명론 그리고 과학
후천팔괘와 구궁(九宮)
운명을 바꾸는 방법(개운법), 오유지족(吾唯知足)

제12장. 운명론 관련 읽을거리

산으로 돌아가는 중[僧] 해안(海眼)을 전송한 글
허균18), 『성소부부고(惺所覆瓿稿)』

나는 주(州)의 인(印)끈을 풀어놓고 부령(扶寧)19)에 옮겨 살았다. 어느 날 해안(海眼)이란 중이 무안(務安)으로부터 와서 인사를 드리는데 빼어나고 아름다운 기품이 한눈에 그가 보통 사람이 아님을 알 수 있었다. 그의 학식을 시험해 보니 이미 그들의 내전(內典)에 통달하였고, 곁으로는 시문(詩文)에까지 미쳐 지은 것이 또한 빛나기에 그 출신을 물어보니 사족(士族)이었다. 또 그 나이[年紀]를 물어보니 나와 동년생이었고, 다시 그 월·일을 물어보니 월·일과 생시(生時)도 나와 모두 같았다. 나는 속으로 괴상히 여겨,

"나는 평소에 의심하기를 성명가(星命家)가 사람의 운명을 추산(推算)하는 것이 거개가 맞지 않는 것은 필시 술인(術人)이 근거 없이 베풀어 책을 만들고 요행히 억측하여 맞추어서 세상 사람들을 현혹시키는 것이라 여겼더니, 지금이야말로 더욱 증험이 된다.

그대는 이미 나와 운명이 똑같은데 해진 장삼과 한 바리때로 바위 굴 사이에 숨고 나는 비록 세상과 어긋나 있다. 그러나 집을 일으킨 지 16년에 세 번이나 이천석(二千石 군수를 말함)의 벼슬에 올랐으며 젊은 날 일찍이 승명금마저작(承明金馬著作 허균이 예문관 검열이 되었었음을 가리킴)의 뜰에 들어가 귀에 붓 꽂고 초안을 보는 문학시종(文學侍從)의 신하가 되었으니, 그 영화롭고 시듦과 궁하고 통함이 이와 같이 서로 동떨어지는 것을 볼 때 그 시(時)에 잘못이 있는 것 아닌가? 아니면 술자(術者)가 분변하지 못한 것 아닌가? 이는 알 수 없다."

---

18) 허균(許筠, 1569~1618): 조선 시대의 문신·소설가. 자는 단보(端甫). 호는 교산(蛟山)·성소(惺所)·학산(鶴山)·백월거사(白月居士). 서자(庶子)를 차별 대우 하는 사회 제도에 반대하였으며, 광해군의 폭정에 항거하기 위하여 서인을 규합하여 반란을 계획하다 발각되어 참형을 당하였다. 우리나라 최초의 국문 소설인 <홍길동전>을 지었으며, 시문집으로 『성소부부고(惺所覆瓿藁)』 등이 있다.
19) 부령(扶寧): 전북 정읍 고부 북쪽 마을.

하니, 곁에 있던 민생((閔生) 정걸(廷傑)이 오행(五行)을 잘하므로 앞뒤 두 시(時)로 추수해 보았다. 그 결과 혹 요절하기도 하고 혹 수하기도 하며 혹 현달하기도 하고 혹 막히기도 하지만 모두가 출가(出家)할 격국(格局)은 없다는 것이다. 나는,

"평소에도 점(占)을 믿지 않았지만 이에 이르러는 더욱 나의 소견을 독실히 지키겠다."

하였다. 비록 그렇지만, 해안(海眼)은 불교인이요 나 역시 불교를 좋아한다. 일찍이 그 글을 읽어보니 환하여 마음에 깨달음이 있었고, 만상을 꿰뚫어서 모두 공(空)하게 만드니 마치 원각(圓覺)을 바로 증거하고 여래지(如來地)에 넘어 들어갈 듯하였다. 벼슬을 버리고 해안에 은둔한 것은 본래 한 대사의 인연을 마치고자 함이니, 비록 고법사의 나무람과 탄핵을 입는다 하더라도 나는 꺼리지 않겠다. 그 무생인(無生忍)20)을 얻어 무여열반(無餘涅槃)21)에 들어 고요히 소림황매(少林黃梅)22)가 멸도(滅度 해탈(解脫))한 것과 함께 하게 된다면 머리 깎고 가사를 입지 않았다 하더라도, 해안과 나는 똑같은 석도(釋徒)이다.

항차 안은 구름과 물에서 스스로 즐겨 뜻이 맑고 편안하고 나는 기참(譏讒)과 견벌(譴罰)에 곤고하여 뜻이 하루도 편할 때가 없어 수레와 비단옷이 몸에 있어도 오히려 병과 바리때[瓶鉢]의 자유로움만 같지 못하니, 내 영화와 저의 시듦은 서로 보상될 만하다. 진실로 이와 같다면 운명을 이야기하는 자도 근사하다 하겠다.

10여 일을 머물고 해안이 저 있던 산으로 돌아간다고 하직하기에 이 글을 써서 그가 가는 데 전하는 바이다.

---

20) 무생인(無生忍): 무생(無生)·무멸(無滅)의 진리를 각지(覺知)하는 일.
21) 무여열반(無餘涅槃): 번뇌(煩惱)를 단멸(斷滅)하고 분별(分別)의 지(智)를 떠나 육신(肉身)까지 없애어 정적(靜寂)에 돌아간 경지. 곧 죽은 뒤에 들어가는 열반(涅槃).
22) 소림황매(少林黃梅): 소림은 숭산(崇山)의 소림사(少林寺)로, 이곳에서 9년간 면벽(面壁) 참선(參禪)하여 도를 깨친 달마대사(達摩大師)를 가리킨다. 황매는 황매산(黃梅山)으로, 이곳에서 도를 닦은 선종(禪宗)의 제오조(第五祖)인 홍인(弘忍)을 가리킨다.

허균과 소설 속 홍길동의 명리학적 연관성

허균은 자신의 문집 『성소부부고』 <해명문(解命文)>에서 자신은 "기사(己巳)년 병자(丙子)월 임신(壬申)일 계묘(癸卯)시에 태어났다."고 하였다. 이에 의거하여 허균의 사주를 분석해보면 다음과 같다.

시	일	월	연		
癸	壬	丙	己	천간	
겁재	일간	편재	정관		
卯	申	子	巳	지지	
상관	편인	양인	편재		

54　44　34　24　14　4
庚　辛　壬　癸　甲　乙
午　未　申　酉　戌　亥

양력 1569년 12월 20일
(음력 11월 3일) 卯시생

① 일간: 壬水
② 일지: 申金
③ 월지(월령): 子水
④ 申子합(일지+월지)
⑤ 水 비겁(比劫) 태과
⑥ 겁재(劫財) 양인격(陽刃格)
⑦ 丙火 편재(偏財) 통근(通根)
⑧ 천을귀인(天乙貴人) 巳卯
⑨ 대운(大運)이 水金운으로 흐른다.

<허균 사주 명조의 개관>

(1) ①번에 대하여 논하면, 명대(明代) 초 유기(劉基, 자는 伯溫, 1311~1375)가 저술했다는 『적천수(滴天髓)』와 1840년대 후반 청대(淸代)의 명리학자 임철초(任鐵樵)가 『적천수』에 자신의 새로운 주석과 실증 사례를 보태어 저술한 『적천수천미(滴天髓闡微)』에서는 허균과 같은 일간(日干)인 임수(壬水)에 대해 설명하고 있는데, 내용은 다음과 같다.

"壬水는 흐르는 강물이며 능히 金氣를 설(洩)할 수 있다. 강건한 중정의 덕이 있으며 두루 흘러 막힘이 없다. 통근(通根)하고 癸水가 투출하면 하늘을 찌르고 땅을 달리게 한다. 化하면 유정하고 從하면 서로 조화 된다."[23]

---

[23] 劉伯溫 지음, 任鐵樵 증주, 袁樹珊 찬집, 『滴天髓闡微』(臺北: 武陵出版有限公司, 1997), 34쪽,

"壬水는 곧 癸水의 발원이며, 곤륜(崑崙)의 水이다. 癸水는 壬水가 돌아가 머무는 곳이며 해 뜨는 동쪽바다의 水이다. 나뉘기도 하고 합쳐지기도 하며 쉼 없이 운행하여 수많은 하천을 만드는 것이 바로 壬水이다. 또한 우로(雨露)를 만드는 것도 壬水이니, 이런 이치는 나뉘거나 둘이 될 수 없다(오직 하나일 뿐이다)."24)

허균과 같이 임수(壬水) 일간으로 태어난 사람은 지혜로우며 속마음을 잘 드러내지 않고 능란한 수완과 순발력·적응력이 뛰어난 특성을 갖고 있다. 그리고 임수는 강과 바다, 호수와 같은 큰물과 같아서 만물의 생장에 반드시 필요한 존재로 여겨진다.

(2) ②③④에 관하여 논하면, 일지(日支)인 신금(申金)은 임수가 장생(長生)하는 곳으로서 임수가 크게 뿌리를 내릴 수 있게 된다. 그러므로 임수가 신금을 만나면 포부가 더욱 원대하게 되며 자신감을 갖고 일을 추진하는 성향이 강하다.

"申金은 하늘의 관문이며 천하(天河)의 입구이므로 壬水는 이곳에서 장생하여 서방(西方)의 金氣를 설할 수 있다. 두루 흐르는 성질이 있고 점차 나아가 막히지 않으니 강건하고 중정한 덕이 그러한 것과 같다. 만약 申子辰이 모두 있고 癸水가 투출하면 그 세력이 넘쳐 막을 수가 없다."25)

또한 일지의 신금(申金)은 월지(月支)의 자수(子水)와 합까지 되어 의지나 고집이 대단하며 포부가 원대하고 본인의 생각이나 추진하는 일은 끝까지

〈天干〉, "壬水通河, 能泄金氣. 剛中之德, 周流不滯. 通根透癸, 沖天奔地. 化則有情, 從則相濟."
24) 같은책, 34쪽, 〈天干〉, "壬水卽癸水之發源, 崑崙之水也. 癸水卽壬水之歸宿, 扶桑之水也. 有分有合運行不息, 所以爲百川者此也, 亦爲雨露者此也, 是不可歧而二之." (劉伯溫 저, 任鐵樵 증주, 袁樹珊 찬집 1997: 34)
25) 같은책, 34~35쪽, 〈天干〉, "申爲天關, 乃天河之口, 壬水長生於此, 能洩西方金氣, 周流之性, 漸進不滯, 剛中之德猶然也. 若申子辰全而又透癸, 則其勢沖奔, 不可遏也."

해낼 것이다. 월지가 자월(子月)이므로 양인격(陽刃格)이며 시간(時干)의 계수(癸水) 겁재(劫財)는 말년에 월간(月干) 병화(丙火)의 빛을 가리고 시지(時支)의 묘목(卯木)은 정관(正官)인 기토(己土)를 극하니 어려운 일이 생길 것 같다.

(3) ⑤⑥에 대해 논하면. 허균의 사주는 수(水)가 많아 비견과 겁재 즉 비겁(比劫)이 태과하다. 비겁은 독립적이며 주체적으로 고집과 배짱이 있다. 독립정신과 자존심이 하며 남에게 의지하지 않으며 결단력과 추진력이 있다. 또한 일간 임수(壬水)의 겁재인 계수(癸水)와 양인(陽刃)인 자수(子水)가 있어 그런 성향이 더욱 강하다. 양인은 손에 칼[刃]을 쥔 모습으로 독선적, 권위적이며 자만・투쟁・저항・탈취・숙살(肅殺) 등 적극적으로 승부하려는 면이 강하다. 임수(壬水)가 신자(申子)의 합(合)으로 신강(身強)한데다 자수(子水)와 계수(癸水)까지 더하므로 수(水)의 기세가 더욱 강해져 모든 것을 쓸어버리는 성향이 있다. 허균도 24-33세까지 계유(癸酉)대운에 수(水)의 기운이 더해지면서 자식인 정관(正官) 기토(己土)를 쓸어버리고 아내인 재성(財星) 화(火)를 꺼버리는 형상이 되므로 인해 처자식을 모두 잃어버리게 된다.

"丙火는 사납고 맹렬하며 서리와 눈을 업신여길 수 있다. 능히 庚金을 단련할 수 있으나 辛金을 만나면 도리어 겁을 낸다. 土가 많아도 자애롭고 水가 날뛰어도 절개를 드러낸다. 인오술(寅午戌) 지지에 甲木이 만약 오면 반드시 타서 사라지게 될 것이다. 火는 陽의 정기(精氣)이다. 丙火는 작렬하는 陽의 지극함이므로 그 기세가 맹렬하다."[26]

(4) ⑦⑧에 대해 논하면 병화(丙火)는 만물이 생겨나 빛나고 모두 뚜렷하게 보이는 것이다. 편재(偏財)로서 아이디어와 활동력이 뛰어나며 사교능력과 영웅적인 기질과 카리스마가 있다. 연지(年支)에 같은 화(火)인 사화(巳火)가 있어 화(火)의 기세도 약하지 않으므로 기후(氣候)도 한습(寒濕)하지 않

---

26) 같은책, 29쪽, 〈天干〉, "丙火猛烈, 欺霜侮雪. 能煅庚金, 逢辛反怯. 土衆成慈, 水猖顯節. 虎馬犬鄕, 甲木若來, 必當焚滅. 火陽精也. 丙火灼陽之至, 故猛烈."

고 양호하다. 국가의 관직을 의미하는 연간(年干)의 정관(正官) 기토(己土)는 화생토(火生土)로써 화(火)로부터 생함을 받으므로 약하지 않아 일찍부터 국가의 녹(祿)을 받을 수 있고 출신 가문도 좋음을 의미한다. 또한 사화(巳火)는 허균 자신을 의미하는 일간 임수(壬水)의 천을귀인(天乙貴人)이 되므로 부친의 신분도 좋은 집안임을 알 수 있다. 사화(巳火)는 일지 신금(申金)과 사신(巳申)으로 합(合)을 하지만 형(刑)도 하므로 부친과의 좋지 않을 일이 예견되는 결국 4-13세 을해(乙亥)대운에서 사해(巳亥)가 충돌하여 부친이 일찍 돌아가셨다.

(5) ⑨에 대해 논하자면 전체 대운의 흐름이 지지(地支)로는 해술유신(亥戌酉申)의 수금(水金)으로, 천간(天干)으로는 계임신경(癸壬辛庚)의 수금(水金)으로 흐르면서 허균 자신인 임수(壬水)의 기세가 시간이 흐를수록 강해지면서 동시에 주변에서 대적할 경쟁자가 많아지면서 명예와 관직, 처자식을 포함한 자신이 가진 것들과 분리될 상황에 직면하게 되는 것이다.

허균과 홍길동의 성향 연관성

허균의 사주명조 분석을 통해 알 수 있는 허균의 선천적인 성향이 『홍길동전』에 나타난 가상의 주인공 홍길동의 성향과 어떻게 연관되고 있는지를 분석한다.

① <홍길동의 출생·성장·가출>에 나타난 홍길동의 성향과 허균의 사주명조 분석에서 나타난 허균의 선천적 성향과의 연관성
● 홍길동의 성향: 그 기골이 범상치 않고 영웅호걸의 기상을 지녔다. 홍길동은 본래 재주와 기백이 뛰어나며 도량이 크고 비범한 재주를 지녔으나 천한 자신의 신분을 생각하면 한이 맺혔다. 하지만 학문을 익히는 것은 게을리 하지 않았다. (…) "왕이나 제후의 기상이나 장차 집안을 멸망케 할 화(禍)를 불러올 것이다." (…) 길동은 본의 아니게 사람을 죽여서

어쩔 수 없이 집을 떠나게 되었다.
◉ 허균의 선천적 성향: 임수(壬水)는 하늘의 관문이자 천하의 입구이면서 강건한 중정(中正)의 덕이 있으며 두루 흘러 막힘이 없다. 통근(通根)하고 계수(癸水)가 투출하면 하늘을 찌르고 땅을 달리게 한다. 일지(日支)인 신금(申金)은 임수가 장생(長生)하는 곳으로서 임수가 크게 뿌리를 내릴 수 있게 된다. 그러므로 임수가 신금을 만나면 포부가 더욱 원대하게 되며 자신감을 갖고 일을 추진하는 성향이 강하다. 또한 일간 임수의 겁재인 계수(癸水)와 양인(陽刃)인 자수(子水)가 있어 그런 성향이 더욱 강하다.

허균은 일간이 임수(壬水)이며 일지는 신(申)으로 지장간(地藏干) 안에 무(戊)·임(壬)·경(庚)이라는 편관·비견·편인이 저장되어 있다. 또한 일지의 신금(申金)은 월지(月支)의 자수(子水)와 합까지 되어 의지나 고집이 대단하며 포부가 원대하고 본인의 생각이나 추진하는 일은 끝까지 해낼 것이다. 수(水)가 가장 왕한 계절인 동짓달[子月]에 태어나 그 기세가 매우 왕성한데 대운마저 수운(水運)으로 흘러서 그 기세를 쉽게 제어할 수가 없다.

일간 임수의 양인(陽刃)인 자수(子水)가 월지에 있고 겁재인 계수(癸水)가 투출(透出)하여 양인격(陽刃格)이 되는데 양인은 손에 칼[刃]을 쥔 모습으로 독선적, 권위적이며 자만·투쟁·저항·탈취·숙살(肅殺) 등 적극적으로 승부하려는 면이 강하다.

② <활빈당 활동과 병조판서 제수>에 나타난 홍길동의 성향과 허균의 사주명조 분석에서 나타난 허균의 선천적 성향과의 연관성
◉ 홍길동의 성향: 도적무리의 두목이 되어 자신의 무리를 활빈당이라 이름 짓고 기이한 도술과 계책으로 해인사의 보물을 탈취하고, 조선 팔도를 다니며 각 도, 각 읍의 수령이나 불의로 재물을 편취한 자가 있으면 빼앗아 팔도의 가난한 백성들에게 나누어 주어 의적으로 추앙을 받기 시작하였다. (…) 홍길동이 병조판서를 제수하면 조선을 떠나겠다고 아뢰니 조정에서는 고심 끝에 병조판서를 제수하였다.
◉ 허균의 선천적 성향: 바로 위 ①의 허균의 선천적 성향에 추가하여, 월간의 병화(丙火)는 만물이 생겨나 빛나고 모두 뚜렷하게 보이는 것이다.

편재(偏財)로서 아이디어와 활동력이 뛰어나며 사교 능력과 영웅적인 기질과 카리스마가 있다. 연지(年支)에 같은 화(火)인 사화(巳火)가 있어 화(火)의 기세도 약하지 않으므로 영웅의 기질이 잘 발현될 수 있다.

또한 양도(陽道)가 뚜렷하고 밝은 태양을 의미하는 편재(偏財) 병화(丙火)와 정직한 관직을 의미하는 정관(正官) 기토(己土)도 함께 있어서 정의를 지향하는 관직에 있으면서 대의와 개혁을 지향하는 성향을 가졌다. 국가의 관직을 의미하는 연간(年干)의 정관(正官) 기토(己土)는 화생토(火生土)로써 화(火)로부터 생함을 받으므로 약하지 않아 일찍부터 국가의 녹(祿)을 받을 수 있음을 의미한다.

그리고 자신의 생각이나 의지를 관철하는 데 있어서 어려움이 있어도 이를 극복하며 추진하는 경향이 뚜렷하다. 천을귀인(天乙貴人)인 사(巳)와 묘(卯)를 갖고 있어 이러한 기운은 어려움과 성패의 부침이 있는 중에도 해결해 나가는 힘이 있다.

③ <율도국 건설과 이상국가 실현>에 나타난 홍길동의 성향과 허균의 사주명조 분석에서 나타난 허균의 선천적 성향과의 연관성

◉ 홍길동의 성향: 홍길동은 다시 임금에게 청하여 벼 천석을 얻어서 활빈당 무리 3천 명과 함께 남경 땅 제도에 들어갔다. (…) 백성들이 도탄에 빠지자 홍길동은 율도국을 함락하고 창고를 열어 백성들에게 나눠주고 율도국의 새로운 왕으로 즉위하여 어질게 정치하니 나라가 태평하였다.

◉ 허균의 선천적 성향: 바로 위 ①②의 허균의 선천적 성향에 추가하여, 임수는 강과 바다, 호수와 같은 큰물과 같아서 만물의 생장에 반드시 필요한 존재로 여겨진다. 더불어 허균의 사주는 수(水)가 많아 비견과 겁재 즉 비겁(比劫)이 태과하다. 비겁은 독립적이며 주체적으로 고집과 배짱이 있다. 독립정신과 자존심이 강하며 남에게 의지하지 않으며 결단력과 추진력이 있다.

허균은 당시 견고한 신분제 계급사회에서 인재는 타고난 신분의 귀천이 아니라 본인의 능력 여하에 따라 등용되어야 한다는 평등의식과 개혁사상을 자신의 자전적 인물인 홍길동을 통해 피력하였다. 허균의 이러한 진보적 면모는 그의 사주명조에서도 잘 드러난다. 허균의 사주처럼 임수(壬水)

일간(日干)이 겁재(劫財)·양인(陽刃)이 장생(長生)과 격국(格局)을 이루고, 편재(偏財) 병화(丙火)가 통근(通根)하여 그 뿌리가 튼튼하며, 상관(傷官)까지 작용하는 경우에는 진보적인 성향을 갖는다.

당시 신분제도가 상식으로 통하는 체제에서 현실에 주저앉지 않고 더 좋은 세상을 만들기 위해 고군분투하는 작가 허균의 생애와 지배계급이 될 수 없는 신분을 극복하여 백성이 평안한 새로운 국가를 만들어낸 주인공 홍길동의 생애와 작가의 생각과 사상은 매우 유사하다. 허균은 자신의 생각과 사상을 가상의 주인공 홍길동을 통해 그가 처한 시대상황을 독특한 시각으로 담아내고 있다.

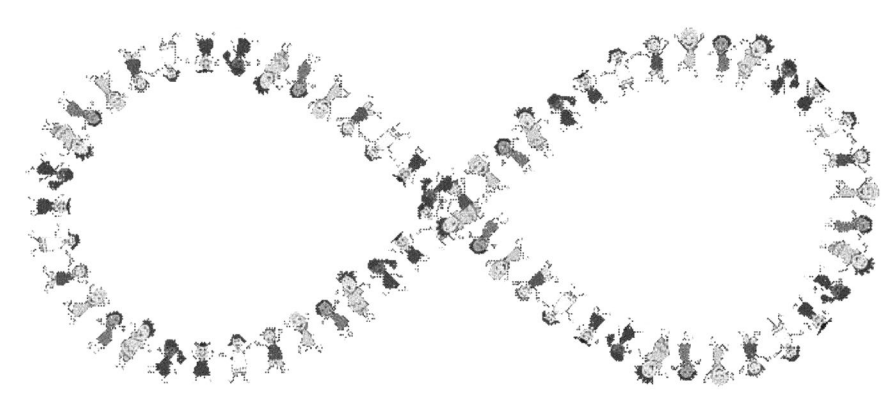

과로도기도(果老倒騎圖)
(김홍도, 18C 말, 간송미술관 소장)

화제(畵題)로 다음과 같은 시문이 쓰여 있다.

"장과(張果)27)라는 노인이 종이[紙] 나귀를 거꾸로 타고, 손에는 한 권의 책을 들었는데, 눈빛이 행간에 바로 쏟아진다. 이는 사능(김홍도)에게 가장 득의작(得意作)이라 할 수 있으니 중국에서 그것을 구한다 해도 쉽게 얻을 수는 없으리라. 표암(강세황)이 평하다(果老倒跨紙驢 手持一卷書 目光直射行墨間. 此最爲士能得意作 求之中華 亦不可易得. 豹菴評).

손안의 신결(神訣)은 곧 **명리정종(命理正宗)**인데 어떻게 내 말년 운수를 물을 수 있을까? 석초(정안복)가 글 쓰다(手裏神訣 乃命理正宗 何由叩我暮境契濶. 石樵題)."

『명리정종(命理正宗)』은 16세기 후반 명대(明代, 1368~1644) 말의 명리술사(命理術士)인 장남(張楠, 1514~?)이 지은 자평명리서(子平命理書)로서, '명리(命理)'라는 용어도 바로 『명리정종』의 책 이름에서 비롯되었다. 『명리정종』은 기존 자평명리의 학설을 대체로 수용하면서도 동정설(動靜說)·개두설(蓋頭說)·병약설(病弱說) 등 기존 명리서에서는 보이지 않는 독창적인 이론들을 제시했으며, 기존 명리이론의 오류도 과감히 비판하고 보완하고자 하였다.

---

27) 장과(張果): 다른 이름은 장과로(張果老)이고, 당나라 현종(재위 712~756) 때 사람으로 도교(道敎) 팔선(八仙) 중의 한 명이라고 전해진다.

인정승천(人定勝天)

"사람이 그 뜻을 정하여 노력하면 하늘로부터 주어진 운명도 이길 수 있다."

　명대(明代) 만민영(萬民英)의 『삼명통회(三命通會)』는 사람 명(命)의 길흉화복은 태어나는 처음에 부여받는 기(氣)의 청탁(淸濁)에 의해 좌우됨에도 불구하고 "사람이 수신하고[修爲在人] 그 뜻을 정하여 노력하면 하늘로부터 주어진 운명도 이길 수 있다[人定勝天]."고 천명하였다. 이른바 선천적으로 품부한 중화(中和)의 기운 외에 후천적으로 기울이는 수신(修身)과 적선(積善)의 노력에 의해서도 사람의 빈부귀천·요수화복이 분명히 달라질 수 있다고 말한다.

　"사람의 명은 태어나는 처음에 부여받는다고 하는데 정말로 그 말이 옳다. (…) 잉태되면서 천지와 부모로부터 일시에 기후(氣候)를 받는데 맑은 기를 부여받으면 지혜롭고 현명하며, 탁한 기를 부여받으면 우매하고 불초하다. (…) 그러나 비록 이렇다 하더라도 수신(修身)함이 사람에게 달렸으며[修爲在人] 사람이 뜻을 정하여 노력하면 하늘도 이길 수가 있다[人定勝天]. 그러니 명이 중화(中和)의 기를 부여받고 성품이 적선(積善)까지 더한다면 어찌 그 한 몸만이 복을 누리는 것으로 그치겠는가! 자자손손 영화롭고 창성하고 이로우며 발달하는 것이 당연한 이치다. (…) 비록 (사람의 빈부귀천·요수화복이) 타고난 명에 매여 있지만 또한 사람의 적선 여부에도 달려 있는 것이다."[28]

　동진의 곽박(郭璞, 276~324)의 저술로 알려진 장서(葬書)인 『금낭경(錦囊經)』의 "신이 할 바를 빼앗아 천명을 바꾼다[奪神工 改天命]."[29]는 말도 주어진 운명을 순수이 수용하기보다는 적극적으로 변화시키고 개척해나가겠다는 굳은 의지의 표현인 것이다.

---

28) 萬民英, 『三命通會』 권1 <原造化之始>, "命禀有生之初, 誠哉是言也. (…) 得天地父母一時氣候, 是以禀其淸者爲智爲賢, 禀其濁者爲愚爲不肖. (…) 雖然修爲在人, 人定勝天. 命禀中和, 性加積善, 豈但一身享福已哉. 而子子孫孫, 榮昌利達, 理宜然也. (…) 雖係於命, 亦在於人之積與不積耳."
29) 『錦囊經』 「山勢篇」, "是以君子奪神工改天命."

운명(運命)의 세 종류

중국 후한의 반고(班固, 32-92)가 편찬한 『백호통의(白虎通義)』는 인간에게 정해진 운명은 세 종류가 있는데(三命), 주어진 한도를 보전하며 사는 수명(壽命), 억울한 불행을 당하는 조명(遭命), 한만큼 상응하게 받는 수명(隨命)이라고30) 했다. 중국 후한의 독창적인 사상가 왕충(王充, 27~100?)은 세 가지 명 즉 삼명(三命)을 다음과 같이 설명하였다.

"정명(正命)은 본래 품수한 것으로 저절로 길하게 되는 것이다. 태어날 때 골상이 좋으므로 행실에 의지하여 복을 구하지 않더라도 저절로 길하게 되므로 정명이라고 한다. 수명(隨命)은 애써 행실에 힘쓰면 길한 복이 이르고, 방종하고 욕망을 펼치면 흉한 화가 이르므로 수명이라고 한다. 조명(遭命)은 선한 행실을 하더라도 나쁜 결과를 얻고, 자기가 바라지 않았는데도 외부에서 우연히 흉한 화를 당하므로 조명이라고 한다."31)

정명(正命: 壽命)이란 품부(禀賦) 받은 명이 길하여 행실의 선악에 관계없이 복을 받는 것이고, 수명(隨命)은 품부 받은 명이 흉하더라도 선한 행실을 하면 복을 받고, 명이 길하더라도 악한 행실을 하면 화를 입는 것이고, 조명(遭命)은 선하게 행실을 하더라도 이와 상관없이 외부 요인에 의해 우연히 화를 당하는 것이다. 그런데 수명(隨命)의 경우처럼 품수한 명의 길흉과 상관없이 행실의 선악 여부에 의해 화복을 받는다면 운명은 태어나면서 결정되는 것이 아니라 태어난 후의 행실이나 노력에 따라 바뀌게 된다. 그런데 왕충은 "사람의 요수·빈부·귀천 등은 모두 처음 부모에게서 기를 품부 받을 때 결정되며, 성장한 후 행동의 선악에 따라서 길흉이 결정되는 것은 아니다."32)라

---

30) 『白虎通義』<壽命>, "命者, 何謂也, 人之壽也, 天命已使生者也. 命有三科, 以記驗, 有壽命以保度, 有遭命以遇暴, 有隨命以應行習."
31) 『論衡』<命義>, "正命, 謂本禀之自得吉也. 性然骨善, 故不假操行以求福而吉自至, 故曰正命. 隨命者, 戮力操行而吉福至, 縱情施欲而凶禍到, 故曰隨命. 遭命者, 行善得惡, 非所冀望, 逢遭於外而得凶禍, 故曰遭命."
32) 『論衡』<命義>, "則富貴貧賤皆在初禀之時, 不在長大之後隨操行而至也."

고 말한다.

따라서 왕충은 수명(隨命)을 인정하지 않고 정명(正命)과 조명(遭命)만을 인정하였다. 이처럼 왕충은 『논형』의 전편에 걸쳐 운명은 인간의 의지와 노력으로 어쩔 수 없는 것임을 거듭 강조하면서도 한편으로는 요수와 빈부귀천의 실현에 얽매이지 않는 게 삶의 지혜라고 강조하였다.

"관직의 귀천과 사업의 빈부는 명과 시운에 달렸다. 명이라면 억지로 할 수 없고, 시운이라면 노력으로 얻을 수 없다. 지혜로운 자는 그것을 하늘에 맡기므로 마음에 거리낌이 없어 편안하다."[33]

---

33) 『論衡』 〈命祿〉, "仕宦貴賤, 治産貧富, 命與時也. 命則不可勉, 時則不可力, 知者歸之於天, 故坦蕩恬忽."

사주와 운명론 그리고 과학

　인간의 삶, 즉 인생이란 이미 예정된 운명의 길을 따라서만 살아가는 것도 아니며, 자기 의지대로 자유롭게 만들어 갈 수 있는 것도 아닌 게 바로 논자가 느끼는 현실이다. 인생이란 수레는 주어진 운명과 자유로운 의지라는 두 바퀴가 하나의 굴대에 끼워져 움직이는 것으로서, 어느 한 바퀴만으로는 수레가 제대로 굴러갈 수 없는 것과 이치가 같다. 그러므로 인생이란 수레를 몰고 가는 주체는 계속적인 자기성찰을 통해 과거를 되돌아보고 현재를 직시하고 미래를 내다보며 자연과 인생의 궁극적 근원과 그 운명에 대하여 끊임없이 질문을 던지고 해답을 구하는 자세가 중요하다고 생각한다.

　항간에서 흔히 말하는 바와 달리 인생은 운명결정론이나 자유의지론, 어느 한쪽에만 전적으로 매이는 것이 결코 아니라고 생각한다. 예를 들어 어떤 사람이 아프다고 했을 때 결국 병이 낫거나 낫지 않을 것이기 때문에 의사나 약을 찾을 필요가 없다고 추론하자. 이는 운명결정론·숙명론으로서 어떤 경우에도 치료를 위해 의사나 약을 찾을 필요가 없다. 왜냐하면 결국에는 병이 낫거나 낫지 않을 것이기 때문이다. 그러나 이것은 그 사람의 쾌차 여부가 의사나 약을 구해 찾느냐 찾지 않느냐 하는 사람의 행위나 의지 여하에 좌우된다는 사실을 간과한 것이다. 하지만 의사나 약을 구한다고해서 언제나 반드시 구할 수 있는 것도 아니며, 의사나 약을 찾았다고 해서 언제나 그 병이 반드시 낫는 것도 아니다. 그리고 사람마다 그 쾌차 정도에도 타고난 기본적 차이가 있다.34) 이런 타고난 기본적 차이를 현대 과학에서는 유전자(遺傳子, gene)로 설명한다.

　심각하지 않은 사소한 병으로 진료를 받다가 의료 과실로 죽음에까지 이르거나35) 신체외적인 돌발요인으로 말미암아 사망하는 경우도36) 흔히 있다. 이

---

34) 김만태, 「명리학의 한국적 수용 및 전개과정에 관한 연구」, 원광대학교 동양학대학원 석사학위논문, 2005, 1~2쪽.
35) '병원입원 환자 매년 4만명 사망, '의료진 과실'이 원인—교통사고 사망자 보다 5.7배, 산업재해 사망자 보다 18.7배 높아'(≪메디컬투데이≫ 2012.05.25, http://www.mdtoday.co.kr/mdtoday/index.html?no=189301),
　"24일 울산의대 예방의학교실 이상일 교수와 응급의학과 이재호 교수팀이 국민건강보험공단의 건강보험통계연보 자료를 분석한 결과 2010년 기준 국내 병원 입원 환자 574만 4566명 가운데 평균 9.2%가 의료 과오로 인한 피해를 받은 경험이 있는 것으로 나타났다

경우 당사자를 죽음에 이르게 한 요인은 유전자도, 자기 의지도 결코 아니며 어쩔 수 없이 맞닥뜨린 운명의 굴레라고 밖에는 설명할 수 없을 것이다.

지금까지 운명론적 신앙과 운명개척 의지에 관한 담론들은 대부분 극단적으로 치우쳐 자신의 견해를 피력하거나 상대의 의견을 비판하였다. 앞의 예로 말하자면 병에 걸리고 쾌차하는 것이 전적으로 운명에 달렸다거나 순전히 자신의 의지로 가능하다는 식이었다. 하지만 현실적으로는 타당성이 없다.

사람의 신체 건강이 자신의 의지와 무관한 유전자 요인에 의해 상당하게 결정되듯이, 무병장수・부귀・육친(六親) 등을 포함하는 사람의 장래 운명도 자신의 의지와 무관한 또 다른 선천적 요인 — '운명아(運命我)'라고 지칭할 수 있다 — 에 의해 상당히 결정될 가능성이 있다는 사실을 결코 배제할 수 없는 것이다. 이러한 운명아의 가능성을 추론하는 체계가 바로 사주명리(四柱命理)이다.

사주명리의 관점에서 삶의 타고난 모습인 운명을 함수로 나타낸다면 생년월일시, 이른바 사주팔자(T)를 가장 주요변수로 취급한다. 그 외 요인들도 상당한 영향을 미치는 변수임에는 틀림없지만 사주명리의 운명함수에서는 일정한 값을 갖는 상수로 가정한다. 이처럼 많은 변수를 값이 변하지 않는 상수로 불가피하게 취급하다 보니 사주명리의 운명함수에서는 사주와 인생 진로 간에 명확한 인과 관계를 제시하지 못하는 경우가 있을 수밖에 없다. 그런즉 사주는 믿을 게 못되고 비합리적인 것이라고 인식되는 경우가 많다.

중요한 사실은 이런 운명함수 요인들이 개개인의 미래 운명에 대해 절대적 필연성(必然性)이 아니라 확률적 개연성(蓋然性)만을 담보한다는 점이다. 예를 들어 어떤 사람이 타고난 사주가 대운(大運)과 더불어 중화(中和)를 이루면 그의 인생 진로는 좋을 가능성이 매우 높지만 언제나 반드시 높지는 않

고 밝혔다. 또한 이 중 7.4%인 3만9100명이 사망한 것으로 추정됐다고 설명했다."

36) '구급차 내비게이션 오작동 환자사망'(네이버 블로그, 2012.6.12, http://korem129.co.kr/110140479260), "구급차에 장착된 내비게이션이 제대로 작동하지 못하고 운전자에게 잘못된 길을 알려주면서 위급하게 후송 중이던 환자가 사망했다. 구급차를 운전했던 대원은 중심도로를 이용하면 쉽게 목적지 병원으로 갈 수 있었지만 내비게이션이 좁은 도로와 돌아가는 길을 알려주면서 응급환자가 사망하게 됐다. 운전자는 그 지역에 대해 잘 알지 못했던 초행길이다 보니 내비게이션만 의지한 채 운전했고 그로 인해 20분 늦게 병원에 도착을 하면서 발생한 일이다."

$$L=f(T) \cdot CV(w \cdot g \cdot p \cdot o \cdot n \cdot m_1 \cdot m_2 \cdot f_1 \cdot f_2 \cdot c_1 \cdot c_2 \cdot x)$$

L: 인생 진로(Life), T: 생년월일시(Time), f: 주요함수(function), CV: 상수취급 변수(constant-variable), w: 개인의지·노력(will), g: 유전자(gene), p: 부모 환경(parent), o: 직업(occupation), n: 이름(name), m1: 배우자(mate), m2: 전공(major), f1: 음양택 풍수(feng shui), f2: 외모·관상(features), c1: 택일(choosing an auspicious day), c2: 우연 요소(chance factor), x: 기타(동료·상하의 인간관계 등)

<사주명리의 운명함수>

다. 물론 이런 설명이 엄밀한 이론적 토대로서 사용되기에는 무리가 있겠지만 현실의 여러 실천적 목적에는 유의미하게 사용될 수 있다.

개기일식 현상을 하늘의 징벌이라고 두려워하던 전근대 사회에서 누군가 일식(日蝕)이 일어날 날짜를 미리 알았다면 사람들로부터 많은 존경과 추앙을 받았을 것이다. 예를 들면 한반도에서 다음번 개기일식은 2035년 9월 2일 오전 9시40분과 2041년 10월 25일 오전 9시에 각각 관측될 것이라는 사실은 정확히 예측할 수 있다. 이렇게 과학은 앞으로 예정된 일을 미리 알게 하는 기능, 즉 예측성을 가지고 있는데 이것이 바로 과학의 본질이고 과학 지식의 힘이다.

그런데 세상에는 행성의 움직임처럼 비교적 규칙적이어서 예측될 수 있는 현상들도 있지만 그렇지 않은 현상들도 많다. 즉 30년 후 한반도에서 바라보는 행성의 움직임은 미리 알 수 있지만 1주일 후 한반도 날씨가 어떨지는 아무리 슈퍼컴퓨터를 동원해 계산해도 정확히 알 수 없다. 피사의 사탑에서 떨어지는 쇠구슬의 궤적은 정확히 예측할 수 있지만 굴뚝에서 피어오르는 연기 입자의 궤적은 예측이 매우 난해하다. 운동장에서 야구 선수가 친 야구공의 궤적은 미리 알 수 있지만 운동장에서 뛰어노는 어린아이의 움직임은 단지 확률적으로만 예측할 수가 있다. 이것이 그동안 절대적으로 신봉되고 있는 과학의 현실적 한계이다.

우리네 삶은 질량과 중력 등 몇 가지 요인만으로도 그 움직임을 미리 알 수 있는 쇠구슬이나 야구공이 결코 아니다. 유기적으로 움직이는 인간사는 수많은 요인이 얽히고설켜서 만들어지는 비선형계(非線型界, nonlinear system)

이자 복잡계(複雜界, complex system)이다. 근본적으로 인간 삶의 조건은 불완전하고 결핍하다. 이런 세상 속에서 인간은 자신의 운명에 대해 고뇌하며 운명 인식을 싹 틔우게 된다.

또한 사주(팔자)가 삶의 길흉화복의 향방에 중요한 영향을 미치긴 하지만 유일한 요인은 결코 아니다. 시대상황이 복잡해질수록 인생의 성패를 좌우하는 요인들도 점차 많아지고, 그로 인해 우연성과 불확실성도 점층 높아진다. 그런즉 현 시점에서 미래 운명에 대해 정확한 예측을 한다는 것도 점점 어려워진다. 그러나 인생의 향방과 성패가 사주(팔자)에 중요한 영향을 받는다는 점을 수용하고서 이후 삶의 궤적(전공·직업·배우자 등)에 대한 정보를 추가한다면 엄밀하게 정확한 예측은 불가능할지라도 확률적으로 상당한 가능성은 충분히 제시할 수 있다.

영화 《나비효과》

'만약(If) 그 때 (…) 이었다면' 인생이 어떻게 바뀌었을까를 애쉬튼 커처(에반 역)의 시공(時空)을 초월한 실감나는 연기로 접해볼 수 있는 영화이다. 사람의 운명에도 나비효과(Butterfly Effect)가 작용함을 알 수 있다.

사주명리의 운명함수에서처럼 어느 곳에서 어떤 사주를 갖고 태어나느냐, 동일한 사주라도 어떤 부모에게서 태어나느냐, 동일 사주 동일 부모일지라도 어떤 전공을 하고 어느 대학을 진학하느냐, 어떤 배우자와 동료를 만나느냐 등 거의 동등한 조건으로 인생을 출발한 두 사람이 미묘한 초기조건의 차이 때문에 그 후의 인생행로가 각자의 의지와 상관없이 크게 달라지는 경우를 우리는 많이 보아왔다. 하지만 그런 비선형적이며 무작위적인 모습 가운데도 일정한 질서가 존재하고 있다. 그래서 '나비효과'의 창시자인 로렌츠(Edward N. Lorenz, 1917-2008)는 카오스적이라 생각되는 현상에는 인생행로의 다양한 부침과 같은 현상도 포함된다고 말하였다.37)

출처: 김만태, 「사주와 운명론, 그리고 과학의 관계」, 『원불교사상과 종교문화』 55, 원광대학교 원불교사상연구원, 2013.

---

37) 에드워드 N. 로렌츠 지음, 박배식 옮김, 『카오스의 본질』(파라북스, 2006), 17쪽.

후천팔괘와 구궁(九宮)

巽 ☴ 五巽風 ④巽木(綠)	離 ☲ 三離火 ⑨離火(紫)	坤 ☷ 八坤地 ②坤土(黑)
바람 들어감(入) 출입 교제 長女 큰누나(언니) 종교인 교육자 호감 친근감 사교성 다리(股) 허벅지 성장 우유부단 종교 철학 외교 거래 무역 시장 상인 辰巳	불 화려(麗) 태양 찬란 광채 中女 중년여성 미인 눈(目) 시력 정신 마음 총명 발각 들통 문학 예술 지식 문서 언변 교제 인기 사고 장식 外華內貧 午	땅 유순(順) 인자 고집 검소 어머니(母) 아내 아랫사람 비서 농부 시골 전원 평범 人 배(腹) 자궁 엉덩이 노동 엄마역할 조숙 토지 농지 부동산 未申
震 ☳ 四震雷 ③震木(碧)	中 ⑤中土(黃)	兌 ☱ 二兌澤 ⑦兌金(赤)
우레 벼락 천둥 움직임(動) 長男 큰형(오빠) 선두주자 분주 활동 조급 투쟁 다툼 발(足) 변화무쌍 창의 적극 진취 이동 변동 소리 악기 전기 폭약 卯	제왕 권위 중심 불변 고립 사면초가	연못 기쁨(悅) 즐거움 유흥 小女 어린여자 후처 노래 언론 방송 연예 교육 강연 유흥 향락 입(口) 혀(舌) 불뚝성 종교 통역 변호 유흥 금융 현금 재물 酉
艮 ☶ 七艮山 ⑧艮土(白)	坎 ☵ 六坎水 ①坎水(白)	乾 ☰ 一乾天 ⑥乾金(白)
산 그침(止) 가로막힘 정지 고독 정적 小男 어린남자 손(手) 문지기 보안업 出家 산인 半僧半俗人 '나는 자연인' 종교 철학 풍수 묘지 부동산 丑寅	물 빠짐(陷) 구덩이 험난 中男 중년남성 연구가 지혜 머리비상 盜心 詐欺 음침 귀(耳) 신장 생식기 수렁 어둠 好色 好酒 好學 은둔 비밀 저장 子	하늘 강건(健) 최고 고귀 아버지(父) 남편 윗사람 권력자 실권자 우두머리 貴人 머리(首) 목 자동차 이동수단 家長역할 家權승계 조숙 투자 사업 직장 戌亥

후천팔괘는 팔괘의 기본 속성을 바탕으로 지구가 태양을 공전하면서 나타나는 춘하추동 사시(四時)의 변화를 공간에 배열하고 오행을 배속한 것이다.

『주역(周易)』의 기원과 작자에 대해 전통적으로는 복희(伏羲)가 괘를 만들고 문왕(文王)이 괘사를 짓고 주공(周公)이 효사를 지었으며 공자(孔子)가 십익을 지음으로써 네 분의 성인에 의해서 현재의 『주역』이 완성되었다고 한다. 이 말대로라면 『주역』은 인류가 시작한 아득한 상고시대부터 기원하여 모두 성인의 손으로 이루어진 신성한 글이 된다. 그러나 현대 학자들은 대부분 『주역』과 성인의 관련 문제에 대해 부정적인 시각에 서있다.[38]

어느 한 민족의 초기 역사는 대부분 신화와 전설의 단계를 거친다. 신화를 역사적 사실로 보는 것을 '신화의 역사화'라고 한다. 중국의 역사가, 사상가들 또한 신화를 역사적 사실로 간주하여 몇몇 시조와 그 발전 계보를 허구적으로 구성하였다.39)

대개 『주역』이 한대(漢代)의 괘기역학(卦氣易學)을 거치면서 상수(象數)측면이 크게 강조되었음은 주지의 사실이다. 그러나 상수역학이 발전됨에 따라 의미를 갖게 된 하도(河圖)와 낙서(洛書)가 비록 그 명칭은 먼 고대까지 소급되고, 그 함유 사상이 진한(秦漢)의 음양오행사상까지 망라하고는 있지만 그 실질적 원류는 당말(唐末) 화산(華山)에 은거한 도사(道士) 진단(陳摶, 자는 圖南)이 석벽(石壁)에 새겼다고 하는 용도(龍圖)이다.40)

사주명리와 복서(卜筮)·주역(周易)이 음양 부분은 연관이 되지만 그 근원이 전혀 다르고 그 체계와 원리도 매우 달라서 그 내용이 다름에도 불구하고 동일한 것으로 혼동하여 사주명리가 마치 주역에서 파생된 것으로 오인하는 경우가 매우 많다. 이는 사주명리에 대한 이해가 부족하고 잘못된 선입견 탓으로, 이제라도 정정되어야 사주명리학의 정체성 확립에 도움이 된다.

<한반도 중심 5대양 6대륙의 후천8괘>

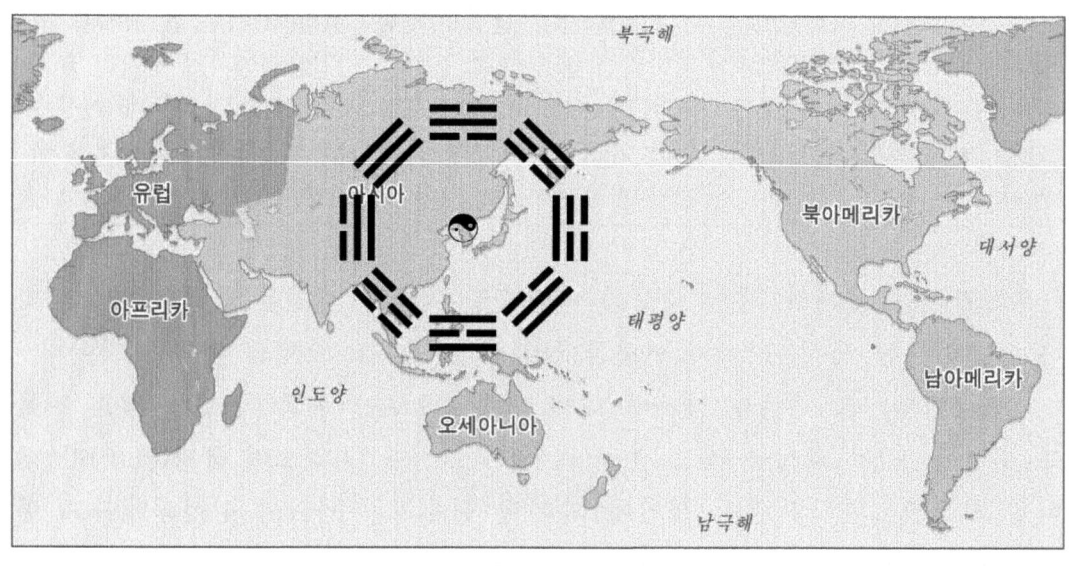

---

38) 왕필 지음, 임채우 옮김, 『주역 왕필주』(길, 2000), 643~644쪽.
39) 김원중, 『중국 문화사』(을유문화사, 2013), 20쪽.
40) 문재곤, 「河圖·洛書의 形成과 改托」, 『중국철학의 이해』(외계출판사, 1991), 158쪽.

운명을 바꾸는 방법(개운법), 오유지족(吾唯知足)

　지금 60대 중반도 버티듯 살아가고 있는 나에게 주어진 운명이 있다는 걸 대학 입시를 마치고 어렴풋하게 느꼈지만, 그건 바꿀 수 있다는 열망으로 가득찬 20대를 인내와 노력으로 버티었다.

　벌써 지쳐서 30대 바로 들어서는 열정도 좀 식고 하여 그냥 현실에 만족하고 안주하자는 생각과 그래도 운명은 바꿀 수 있으니 계속 좀더 노력해보자는 생각이 공존하였다. 그래서 사주명리 공부에 조금씩 연을 대기 시작하였다.

　40대 들어서는 일단 내 운명을 제대로 바로 알아보자는 생각으로 바뀌었다. 그래서 알 수 없는 개인사사나 문화센터가 아니라 대학원이라는 곳에 찾아가서 명리학 공부를 하기 시작하였다.

　그 연으로 경북 칠곡에서 경기 산본, 전북 익산, 서울, 경북 안동 등지로 10년 동안을 거의 매주 왕래하였다. 그러나 40대에는 명리 공부를 본격적으로 하면서도 여전히 내가 이 공부를 과연 해야만 하는가에 대해 의구심이 내내 끊이지를 않았다.

　그 사이 수많은 높은 산도 넘고 험한 강도 건넜다. 그러면서 현재까지 결론적으로는 명리학 공부를 하기를 참으로 잘 하였다고 생각한다. 하지만 "지나고 보니 높은 산도 언덕이었고, 험한 강도 개울이더라."고 당당하게 말할 수 있는 때가 올는지… 본원으로 되돌아 갈 때라도 담담하게 말할 수 있으면 좋겠다.

　사람에게 주어진 운명이란 게 과연 있냐는 물음에 전혀 없다고 말하는 이도 봤으며, 들은 바가 있어 흔히 '운칠기삼'이라는 이, 나름 '운구기일'이라는 이, 반대로 99% 노력과 1% 운이라는 사람들도 있다. 그만큼 제각기 인생은 만인만색이고 천양지차가 있다는 뜻이다.

　거기에 하나를 더 보태자면 나는 '반반'이라고 생각한다. 비율을 잘 정할 수 없을 때 그냥 '반반'을 주문하듯이… 운명이 있다고 느끼는 것이 중요하지 그 비율을 누가 정확히 재봤겠는가? 그런 자(尺)도 없는데…

　주어진 운명을 바꾸는 방법, 소위 개운방법으로 ① 적선하기 ② 좋은 스승 만나는 것 ③ 간절한 기도 ④ 명당에 사는 것 ⑤ 공부와 독서 ⑥ 내 팔자 모습을 아는 지명(知命)의 순서로 흔히 거론된다.

그런데 ① 적선하기는 최소한의 여유라도 있어야만 가능하고, ② 좋은 스승 만나는 것과 ④ 명당에 사는 것도 주어진 인연 그릇에 따라 가므로 개운 방법이라고 보기는 어렵다.

남는 것은 ③ 간절한 기도와 ⑤ 공부와 독서 ⑥ 내 팔자를 아는 지명(知命)이다. 이것들도 숨쉬고 살만한 최소한의 여유가 있어야 가능한데, 그래도 넋 놓고 살 인생이 아니라면 개운 방법들 중에서 가장 좋은 점은 투플러스(+)도 아니고 쓰리플러스(+)할 수 있는 선택지라는 것이다.

내 경험으로 보면 간절한 마음으로 명리학 공부를 제대로 해서 내 팔자를 제대로 알면 비록 시간은 많이 걸리겠지만 가장 가성비가 높은 개운법이기 때문이다. 그 사이 많은 인내와 노력도 있어야 함은 지극히 당연하다.

萬事分已定(만사분이정), **浮生空自忙**(부생공자망)
모든 일은 타고난 분수가 이미 정해져 있는데,
덧없는 인생 쓸데없이 혼자 바쁘게 살아간다.

자기 운명을 안다는(知命) 것은 사주명리 공부만 하는 것이 아니라 더 나아가 자기 분수를 알고(知分), 그칠 줄을 알고(知止), 만족할 줄 알아야 하는(知足) 것이다.

내 팔자 그릇이 찻숟갈인지, 종지인지, 대접인지, 세숫대야인지부터 알고서, 넘치도록 담았다 싶으면 멈추고 만족할 줄 알아야 한다는 뜻인데… 나 자신을 또다시 경계하며 글을 적었다.

吾唯知足 내 분수를 지키며 만족할 줄 안다

참고문헌

1. 원전
1) 한국
『經國大典』『大典通編』『三國遺事』『惺所覆瓿稿』『世祖實錄』『世宗實錄』『英祖實錄』『中宗實錄』『訓民正音解例』

2) 중국
『古微書』『舊唐書』「列傳」『錦囊經』『珞琭子賦注』『珞琭子三命消息賦注』『論衡』『卍新纂續藏經』『明史』「藝文志」『明通賦』『文山集』『白虎通義』『史記』「封禪書」・「曆書」・「列傳」・「律書」『書經』『周書』『釋名』『說文解字』『星曆考原』『隋書』「經籍志」『曆算全書』『五行大義』『玉照神應眞經』『玉照定眞經』『袁天綱五星三命指南』『李虛中命書』『子平三命通變淵源』『浙江通志』『經籍』『周易』『繫辭上傳』『直齋書錄解題』『千頃堂書目』『太平廣記』『漢書』「律曆志」『協紀辨方書』『皇極經世書』『黃帝內經素問』『淮南子』『晦庵集』

2. 논저
權依經・李民聽 저, 김은하・권영규 역, 『오운육기학 해설』, 법인문화사, 2000.

김경일, 『갑골문이야기』, 바다출판사, 2002.

김만태, 「간지기년(干支紀年)의 형성과정과 세수(歲首) 역원(曆元) 문제」, 『정신문화연구』 140, 한국학중앙연구원, 2015.

김만태, 「명리원전『命理正宗』에 함축된 病藥사상 고찰」, 『동양학』 67, 단국대학교 동양학연구원, 2017.

김만태, 「명리학의 한국적 수용 및 전개과정에 관한 연구」, 원광대학교 동양학대학원 석사학위논문, 2005.

김만태, 「민속신앙을 읽는 부호, 십간・십이지에 대한 근원적 고찰」, 『민족문화연구』 54, 고려대학교 민족문화연구원, 2011.

김만태, 「사시(四時)・월령(月令)의 명리학적 수용에 관한 고찰」, 『정신문화연구』 136, 한국학중앙연구원, 2014.

김만태, 「사주와 운명론, 그리고 과학의 관계」, 『원불교사상과 종교문화』 55, 원광대학교 원불교사상연구원, 2013.

김만태, 「세시풍속의 기반 변화와 현대적 변용」, 『비교민속학』 38, 비교민속학회,

2009.

김만태, 「성수신앙의 일환으로서 북두칠성의 신앙적 화현 양상」, 『동방학지』 159, 연세대학교 국학연구원, 2012.

김만태, 「十二支의 상호작용 관계로서 衝・刑에 관한 근원 고찰」, 『정신문화연구』 132, 한국학중앙연구원, 2013.

김만태, 「조선조 음양과(陰陽科) 명과학(命課學)의 필수과목 『원천강(袁天綱)』 연구」, 『동양학』 77, 단국대학교 동양학연구원, 2019.

김만태, 「조선 전기 이전 사주명리의 유입 과정에 대한 고찰」, 『한국문화』 52, 서울대학교 규장각한국학연구원, 2010.

김만태, 「조선조 命課學 試取書 『徐子平』에 관한 연구」, 『장서각』 28, 한국학중앙연구원, 2012.

김만태, 「중국 명리원전 『낙록자삼명소식부주』 고찰」, 『동양문화연구』 24, 영산대학교 동양문화연구원, 2016.

김만태, 「중국 명리원전(命理原典) ≪이허중명서(李虛中命書)≫ 고찰」, 『중국인문과학』 62, 중국인문학회, 2016.

김만태, 「地支의 상호 변화작용 관계로서 地支合 연구」, 『철학논집』 31, 서강대학교 철학연구소, 2012.

김만태, 「天干의 상호 변화작용 관계로서 天干合 연구」, 『철학논집』 30, 서강대학교 철학연구소, 2012.

김만태, 「한국 사주명리 연구의 현황과 과제」, 『동방문화와 사상』 제1집, 동방문화대학원대학교 동양학연구소, 2016.

김만태, 『한국 사주명리 연구』, 민속원, 2011.

김만태, 「한국 사주명리의 활용양상과 인식체계」, 안동대학교 대학원 박사학위논문, 2010.

김만태, 「『황제내경(黃帝內經)』과 『동의보감(東醫寶鑑)』 정기신(精氣神)론의 명리학적 적용 고찰」, 『한국학』 159, 한국학중앙연구원, 2020.

김만태, 「훈민정음의 제자원리와 역학사상: 음양오행론과 삼재론을 중심으로」, 『철학사상』 45, 서울대학교 철학사상연구소, 2012.

김만태・신동현, 「명리학에서 시간(時間)에 관한 논점 고찰: 자시(子時)를 중심으로」, 『원불교사상과 종교문화』 59, 원광대학교 원불교사상연구원, 2014.

김선풍, 「한국인의 금기어와 금기담」, 『어문논집』 23, 중앙어문학회, 1994.

김영욱, 「백제 이두에 대하여」, 『구결연구』 11, 구결학회, 2003.

김원중, 『중국 문화사』, 을유문화사, 2013.

김일권, 「도불의 점성사상과 점복신앙」, 『한국민속학보』 10, 한국민속학회, 1999.
김종민, 「명리학 육친론에 관한 연구」, 원광대학교 동양학대학원 석사학위논문, 2008.
김충열, 『중국철학사—1. 중국철학의 원류』, 예문서원, 1994.
김혜숙 외, 「우주적 실재에 관한 인식론적 성찰」, 『철학』 67, 한국철학회, 2001.
김홍경 편역, 『음양오행설의 연구』, 신지서원, 1993.
남기동, 「부부 궁합(宮合)에 관한 명리학적 연구」, 동방문화대학원대학교 박사학위논문, 2020.
데이비드 유윙 던컨 지음, 신동욱 옮김, 『캘린더』, 씨엔씨미디어, 1999.
류동식, 『민속종교와 한국문화』, 현대사상사, 1984.
류충엽, 『제왕격 四柱 굶어죽는 八字』, 역문관서우회, 2000.
문재곤, 「河圖·洛書의 形成과 改托」, 『중국철학의 이해』, 외계출판사, 1991.
박재완, 『명리요강』, 역문관서우회, 1999.
백영관, 『사주정설』, 명문당, 1983.
서거정 지음, 성백효 역주, 『역주 사가명저선』, 이회문화사, 2001.
소광희, 『시간의 철학적 성찰』, 문예출판사, 2001.
손경수, 「한국 십이지생초의 연구」, 『이대사원』 4, 이화여자대학교 사학회, 1962.
송부종, 「『연해자평』 번역연구」, 원광대학교 동양학대학원 석사학위논문, 2006.
신경수, 「한국 술수학의 발전적 미래 모색」, 『제9차 동양철학문화 정기학술대회 발표자료집』, 원광대학교 동양학연구소, 2012.
신육천, 『사주감정법비결집』, 갑을당, 2002.
심규철, 「명리학의 연원과 이론체계에 관한 연구」, 한국정신문화연구원 한국학대학원 박사학위논문, 2003.
양원석, 『명리학개론』, 대유학당, 2002.
에드워드 N. 로렌츠 지음, 박배식 옮김, 『카오스의 본질』, 파라북스, 2006.
앤서니 애브니 지음, 최광열 옮김, 『시간의 문화사』, 북로드, 2007.
엄윤문, 『대정작괘감명법』, 동양서적, 2000.
왕필 지음, 임채우 옮김, 『주역 왕필주』, 길, 2000.
유경진, 「명리학 용신 도출의 방법론에 관한 연구」, 동방대학원대학교 박사학위논문, 2008.
유효군 지음, 임채우 옮김, 『술수와 수학 사이의 중국문화』, 동과서, 2001.
윤정리, 「옥조신응진경주에 대한 연구」, 경기대학교 국제·문화대학원, 석사학위논문, 2005.
이기백, 『한국사신론』, 일조각, 2004.

이명재, 「서자평의 명리사상 연구-『옥조신응진경』을 중심으로」, 『중국학연구』 66, 중국학연구회, 2013.
이명희, 「갑골문에 나타난 간지자 연구」, 숙명여자대학교 대학원 석사학위논문, 1994.
이석영, 『사주첩경』, 한국역학교육학원, 2002.
이용준, 「사주학의 역사와 격국용신론의 변천과정 연구」, 경기대학교 국제·문화대학원 석사학위논문, 2005.
이은성, 『曆法의 原理分析』, 정음사, 1985.
이상선, 「인간의 운명에 대한 철학적 이해」, 『동서철학연구』 41, 한국동서철학회, 2006.
이정모, 『달력과 권력』, 부키, 2001.
이중환 지음, 이익성 옮김, 『택리지』, 을유문화사, 2002.
이현덕, 『하늘의 별자리 사람의 운명』, 동학사, 2003.
임재식, 「당사주의 이론적 고찰과 적용 및 사회사적 의의」, 공주대학교 대학원 석사학위논문, 2005.
정국용, 「성격특성의 예측을 위한 사주명리학에 관한 연구」, 동의대학교 대학원 박사학위논문, 2004.
조규문, 「사주명리학의 비조 원천강의 삶과 사상」, 『사주명리학과 생로병사』, 대전대학교 동양문화연구소, 2006.
조성우·한중수, 『역학대사전』, 명문당, 1994.
조셉 니덤 지음, 콜린 로넌 축약, 이면우 옮김, 『중국의 과학과 문명: 수학, 하늘과 땅의 과학, 물리학』, 까치, 2000.
조용헌, 「12지신상과 사주명리학」, 『역사민속학』 9, 역사민속학회, 1999.
중국철학연구회, 『논쟁으로 보는 중국철학』, 예문서원, 1994.
陳煒湛 저, 이규갑 외 역, 『갑골문도론』, 학고방, 2002.
최진묵, 「漢代 數術學 硏究―漢代人의 天·地·人 理解와 그 活用」, 서울대학교 박사학위논문, 2001.
한동석, 『우주변화의 원리』, 대원출판사, 2001.
허웅, 『국어학―우리말의 오늘·어제』, 샘문화사, 1983.
허웅, 『한글과 민족문화』, 세종대왕기념사업회, 1999.
洪丕謨·姜玉珍 지음, 문재곤 옮김, 『時의 철학』, 예문지, 1993.
E. G. 리처즈 지음, 이민아 옮김, 『시간의 지도: 달력』, 까치, 2004.
『공동번역 성서』, 대한성서공회, 1986.
『한국민족문화대백과사전』, 한국정신문화연구원, 1991.

『2020 한국직업사전』, 한국고용정보원, 2019.

滕德潤, 『神秘的八字: 揭示人生運動軌迹的學識』, 北京: 廣西人民出版社, 2004.

萬民英, 『三命通會』, 臺北: 武陵出版有限公司, 1996.

徐樂吾, 『子平粹言』, 臺北: 武陵出版有限公司, 1998.

徐升 편저, 『淵海子平評註』, 臺北: 武陵出版有限公司, 1996.

沈孝瞻 저, 徐樂吾 평주, 『子平眞詮評註』, 臺北: 武陵出版有限公司, 1999.

余春台 편, 徐樂吾 평주, 『窮通寶鑑評註』, 臺北: 進源書局, 2006.

吳康 외, 『中華神秘文化辭典』, 海口: 海南出版社, 2001.

袁樹珊, 『命理探原』, 臺北: 武陵出版有限公司, 1996.

劉國忠, 『唐宋時期命理文獻初探』, 哈爾濱: 黑龍江人民出版社, 2009.

劉伯溫 저, 徐樂吾 보주, 『滴天髓補註』, 臺北: 瑞成書局, 1979.

劉伯溫 저, 任鐵樵 증주, 袁樹珊 찬집, 『滴天髓闡微』, 臺北: 武陵出版有限公司, 1997.

劉伯溫 저, 陳素庵 집주, 『滴天髓輯要』, 臺北: 瑞成書局, 1979.

俞曉群, 『數術探秘: 數在中國古代的神秘意義』, 北京: 三聯書店, 1995.

陸致極, 『中國命理學史論』, 上海: 上海人民出版社, 2008.

張 楠, 『標點命理正宗』, 臺北: 武陵出版有限公司, 2001.

張新智, 「子平學之理論研究」, 臺北: 國立政治大學 中國文學研究所 博士論文, 2002.

張希淸, 『中國科擧考試制度』, 北京: 新華出版社, 1993.

陳素庵 저, 韋千里 선집, 『精選命理約言』, 香港: 上海印書館, 1987.

陳遵嬀, 『中國天文學史』 5, 臺北: 明文書局, 1998.

鄒文耀, 『命學尋眞』, 臺北, 集文書局, 1982.

鄒文耀, 『子平命學考證』, 臺北: 瑞成書局, 1982.

河建忠, 『八字心理推命學』, 臺北: 龍吟文化事業股份有限公司, 1994.

許愼 찬, 段玉裁 주, 『說文解字注』, 上海: 上海古籍出版社, 1988.

黃暉, 『論衡校釋』 3, 北京: 中華書局, 1996.

『欽定四庫全書』 史部 別史類, 『通志』.

『欽定四庫全書』 集部 別集類, 『五百家注昌黎文集』.

『欽定四庫全書總目』 子部 21 <術數類存目>.

3. 기타

국가통계포털(http://kosis.kr)

≪개벽≫ 1924.06.01.　　≪동아일보≫ 1956.05.20.　　≪메디컬투데이≫ 2012.05.25.